Acide chronique

Patrick Pike

Acide chronique

Billets 2018 – 2019

Du même auteur

De quelques crashs et autres accidents, Amazon, 2018
À contre-courant, La p'tite Hélène éditions, 2019

ISBN : 978-2-956-04071-2

Avant-Propos

Cet ouvrage n'a qu'une prétention : rassembler, en guise de thérapie, mes humeurs passées, notes de l'année 2019 revues et corrigées auxquelles sont ajoutées quelques-unes de 2018 non parues dans « À contre-courant ». Plus critique du monde qui m'entoure qu'étalement d'états d'âme. Ce qui n'eût pas d'intérêt pour nombre de lecteurs. S'opposer à la doxa qui voudrait gouverner nos vies a plus de saveur qu'approuver la platitude ambiante, gémir sur soi ou dégouliner de langueur.

Car, à observer son comportement, l'homme moderne, ce prétendu sapiens sapiens, devient progressivement *homo timoratus*. Peureux, timoré, l'avenir pour lui n'est que source d'angoisse.

Alors qu'espérer caractérisait les humains d'hier leur permettant d'avancer avec des bottes de sept lieues sur le chemin du progrès, aujourd'hui bâtisseur de murettes, l'Homme se replie sur soi, se terre dans sa caverne saturée d'un trop-plein de savoir et se noie paradoxalement dans l'ignorance.

La crainte le gouverne. Il ne rêve, souffrant d'agueusie, que d'asepsie.

Une pincée d'acidité pour stimuler ses papilles.

1

Mars 2018

8 mars - des vieux

« Il est l'heure, braves gens roulez en paix, tout est calme, les vieux veillent. »

Tout est calme, en effet, et le sera plus encore avec ces jeunes vieillards qui nous gouvernent. Vieillis avant l'âge sous le harnais des équations, du pouvoir et de la réalité ignorée.

À quoi reconnaît-on les vieux ? Au ralentissement de leurs fonctions, à leur démarche lente, à leurs projets restreints, à leur vie cloîtrée dans un monde à part.

Or demain, lorsque les voiturettes sans permis doubleront allègrement les Porche, Ferrari et autres bolides, lorsque les mobylettes feront la course avec nos coupés, lorsque même les cyclistes dans une descente rivaliseront avec les berlines sur nos routes limitées à 80 km/h grâce à l'absurdité de ces psychorigides, demain nos déplacements vous seront un modèle de couloir d'hospice.

Limiter la vitesse au prétexte de sauver quelque 350 vies sur les 3 693 personnes qui ont perdu la leur l'an dernier au volant, c'est tout d'abord profondément injuste pour les 3 343 laissées-pour-compte qui disparaîtront malgré le freinage autoritaire de la diligence, mais c'est aussi reconnaître que cette limitation ne servira à rien ou à pas grand-chose, puisque l'on se satisfait de les comptabiliser malgré tout comme inévitables.

Le risque zéro n'existant pas, l'unique solution est l'interdiction définitive de la voiture. Voilà le véritable remède à l'éradication de ces morts violentes.

Quant au reste, tout est fallacieux dans les arguties développées sous les lambris vernissés des salons par des neurones précocement séniles à l'origine du projet, en particulier celui de la distance de sécurité qui veut que, si elle est constante, plus on roule vite, plus elle semble courte et donc raccourcit le temps de réponse ; en soi affirmation vraie, en réalité trompeuse. L'accident se produit si, et uniquement si, et quelle que soit la vitesse, la distance de freinage est insuffisante. Par exemple, si l'obstacle surgit à quelques mètres de vous, même en roulant lentement vous le percuterez car il s'agit toujours d'un malheureux concours de circonstances qui fait qu'à un temps T vous arrivez sur le lieu fatidique L, alors qu'en roulant différemment le temps serait devenu T+1 (moins vite) ou T-1 (plus vite), modifiant l'encombrement du lieu L (constant), obstruction disparue ou future mais non-présente.

Inutile pourtant de développer plus avant, d'affirmer qu'il y aura toujours au volant des morts quoi que l'on fasse, que leur diminution constante depuis 1972 (18 034 cette année-là) est due aux progrès techniques des véhicules, à l'amélioration des routes, à la suppression des zones dangereuses, à l'éducation des chauffeurs, à leur plus grande sobriété, à une prise de conscience quasi collective de mourir inutilement, ils ne croiront rien et continueront de militer pour abaisser encore cette vitesse qui les effraie. « Rouler moins vite, c'est sauver des vies » disent-ils ; ne pas rouler du tout serait plus efficace.

Nul ne parviendra à convaincre ces escargots. Les vieux présentent ce désagrément d'être sûrs de leur fait, et, imbéciles comme pas un, ne changent jamais d'avis.

Allez, c'est l'heure, hâtez-vous lentement braves gens, rentrez chez vous tout devient calme, les vieux précoces veillent.

2

Mai 2018

26 mai - de l'IVG

Après des siècles d'obscurantisme et des années de refus, le peuple irlandais a voté à près de 70 % pour modifier la législation du pays sur l'avortement. L'Irlande rejoint ces démocraties où les femmes pourront, à cause d'une grossesse non désirée, ne plus mourir lors d'un avortement non médicalisé.

Leur combat n'est pas terminé, et une attention de chaque jour leur sera nécessaire pour préserver cette fragile victoire. De tous côtés, en effet, rôdent les ennemis de la liberté qui, au nom de dogmes ou de principes rétrogrades, agissent autant dans l'ombre qu'au grand jour pour ruiner toute évolution.

La Pologne est encore à la traîne, arriérée s'il en est en projetant de durcir sa législation. De lourdes menaces pèsent sur ce droit aux USA où le Parlement de l'Iowa vient d'adopter en ce début de mois une loi très contraignante afin de limiter son recours. D'autres nations, nombreuses, ne respectent pas ce choix des femmes, la pire d'entre elles étant le Salvador où pour une fausse couche naturelle les femmes sont condamnées à trente années de prison.

Il n'y a pas si longtemps, chez nous, dans notre beau pays autoproclamé des droits de l'Homme, une campagne d'information sur la sexualité, la contraception et l'avortement avait fait scandale. C'était en janvier 2008, trente-trois ans après la loi Veil ; ne doutons pas qu'aujourd'hui, toujours, de bonnes âmes, des obsédés de la fécondation, des pères la pudeur, considèrent l'IVG comme un assassinat alors que partout ces mêmes mystagogues contradictoires menacent de mort celles et ceux qui la pratiquent.

S'il est difficile pour un homme de juger sereinement du bien-fondé d'un acte qui ne le concerne qu'en demi-teinte, qu'en est-il de la torture éprouvée par une femme face au dilemme qui la hante ? Comment la comprendre ? Aucune d'entre elles n'entre au bloc le cœur léger. Et ce choix est à respecter avec humilité et dignité.

Enfin, et pour terminer un chapitre qui nous interroge, une seule question nous semble nécessaire : y a-t-il besoin d'une loi pour qu'une femme soit libre de son corps ?

3

Juillet 2018

27 juillet - de montrer ses muscles

Macron, qui au mieux agit comme un lycéen attardé venant d'être élu délégué de classe, ou au pire prenant exemple sur Trump, Poutine ou Erdogan se ridiculise dans l'affaire Benalla en voulant montrer ses petits muscles subjuguant ses partisans extasiés, les autres se tordant de rire face à l'injonction de venir le chercher.

Cher président, nous aimerions vous rappeler que nous sommes en France, dans un état tout ce qu'il y a de démocratique et que, si un jour à Dieu ne plaise, il fallait « venir vous chercher » comme il y a peu clamâtes-vous sottement, la justice avec tout son cortège de procédures ne manquerait aucunement de le faire de manière tout à fait légale et sans l'aide de milice ou nervi nerveux quelconque. Et vous n'auriez rien à dire, sinon par la voix de votre avocat.

À ce propos, tout homme d'État sain d'esprit, tout au moins en apparence, pour sa protection rapprochée dispose d'une multitude de corps constitués que la république entretient qui lui sont, non seulement dévoués, mais de plus parfaitement préparés et entraînés, encadrés et dirigés et n'a guère besoin de recruter ailleurs des spadassins à la déontologie nulle. À moins de faire preuve d'une pensée qui se rapproche là encore du lycéen attardé ou de l'apprenti dictateur. Car, ne pas faire confiance aux institutions en place est la marque de la sottise crasse du lycéen, mais plus encore celle incontestable du tyran qui se défie de tous. Ce qui, entre nous soit dit, ne modifiera jamais une destinée quelconque si le meurtre doit être commis, garde privée ou non.

Nous n'aurons donc qu'un conseil à vous soumettre : gardez votre calme et faites confiance à ceux dont le métier est vraiment la protection de l'État et de ses représentants.

Quant à l'autre protagoniste qui, Démocrite étant de mon avis puisqu'il dit que : « Nombreux sont ceux qui commettent les pires forfaits, mais fournissent d'excellentes raisons. », comme toute crapule trouve justification à ses actes délictueux, bien qu'à le voir s'esquiver comme un rat traqué, masqué sous un casque après avoir été filmé tabassant, place de la Contrescarpe, un homme à terre, on doute de sa parole ; ce n'est qu'un sinistre jobard, un nain de jardin de plus, qui n'a pas dû obtenir étant enfant son lot de panoplies de pirate, de cow-boy, d'infirmière ou, plus sûrement, de flic pour se déguiser. Ce qui relève de votre part, Monsieur M… uscle, d'une erreur manifeste de recrutement.

Mais on ne peut exceller en tout.

4

Septembre 2018

12 septembre - des propos « à la con »

Je me suis laissé dire que Pierre Arditi, qui joue actuellement Tartuffe à la scène, fustige ceux qui critiquent la limitation de vitesse à 80 km/h en tenant un discours « à la con ».

Vous noterez avec gourmandise que ma phrase est volontairement ambiguë.

Au-delà de cette dégustation qui n'est pas œnologique, je me demande à quel titre ce cabotin est à même de juger l'absurdité ou non d'une mesure unanimement décriée, lui qui sillonne les vignobles au volant d'une bagnole qu'il ne conduit qu'au cours des navets qu'il tourne pour la télé, ne s'éloignant sans doute que rarement des salons et studios aux douceurs parisiennes ou se déplaçant avec chauffeur le reste du temps.

Mais ses diatribes sont sans intérêt, sinon celui de jouer encore Tartuffe sur les plateaux télé, l'accident, quel qu'il soit et malgré qu'il en ait, n'étant qu'un fâcheux concours de circonstances, c'est-à-dire se trouver là quand il n'eût pas fallu, peu importe la vitesse à laquelle on parvient sur ce lieu de rencontre.

***

Bien plus inquiétants et arrogants pour la liberté des femmes sont les propos du président des obstétriciens gynécologues de France, Bertrand de Rochambeau, qui refuse de pratiquer des IVG parce que lui et ses collègues, qu'il associe sans vergogne avant de connaître leur avis, ne sont « pas là pour retirer des vies ».

On discutera à l'infini sur la nature de l'embryon. Est-il ou non un être humain à sept semaines ? Qu'en est-il à douze semaines après l'absence de menstruation ? Je noterai simplement qu'à cinq jours, et certainement à plus long terme, l'embryon peut être congelé puis décongelé viable, ce que tout être humain ne supporterait pas, ce qui tend à prouver que ce conglomérat de cellules est encore loin de pouvoir être considéré comme un être pensant, biologiquement parlant.

Peu importe, ce qui demeure, c'est le risque de voir ces femmes, refusant la conception pour des raisons qui n'appartiennent qu'à chacune d'entre elles, et à elles seules, de les voir donc catapulter par l'égoïsme de ce médecin vers des extrémités qu'il est censé leur épargner.

Car le tragique des propos de ce Ponce Pilate attardé, est qu'il fait fi de leur souffrance, n'interrogeant, n'écoutant que sa propre conscience, respectable mais non-recevable en l'occurrence, à l'encontre du serment qu'un jour il prêta devant ses pairs.

Ce n'était alors, sans doute, qu'un serment que je ne qualifierai pas d'ivrogne bien qu'il oublie aujourd'hui ce qu'il promettait hier : « Je respecterai toutes les personnes, leur autonomie et leur volonté, sans aucune discrimination selon leur état ou leurs convictions. J'interviendrai pour les protéger si elles sont affaiblies, vulnérables ou menacées dans leur intégrité ou leur dignité. », mais serment d'hypocrite.

Et je lui rappellerai la conclusion qu'il ne manqua pas d'affirmer : « Que les hommes et mes confrères m'accordent leur estime si je suis fidèle à mes promesses ; que je sois déshonoré et méprisé si j'y manque. »

5

Octobre 2018

11 octobre - de Sa Sainteté

Malgré sa sainteté et sa soutane le pape est un homme comme un autre et sans aucun doute imita-t-il Onan du temps de sa jeunesse, voire plus tard, n'ayant connu le désir que dans le silence de la solitude abstinente du prêtre, bien que « Duos habet et bene pendentes » comme disait autrefois le cardinal chargé prétendument de tâter du pontife sa virilité.

Malgré sa sainteté et sa soutane le pape est un homme comme un autre avec ses faiblesses et surtout sa méconnaissance totale de la femme, non seulement de son corps que, a priori, ne caressa jamais, mais également de sa psychologie, de ses attentes, de ses désirs et bien évidemment de son approche de la maternité.

Malgré sa sainteté et sans sa soutane le pape est un homme aussi stupide qu'un autre, vieux célibataire qu'il est ignorant ce que peut être un couple.

Malgré sa sainteté et ses mules le pape est un âne aussi bête à manger du foin qu'un autre homme dès lors qu'il s'agit de comprendre quoi que ce soit à la souffrance d'une femme.

Malgré sa sainteté le pape est une buse aussi bornée qu'un autre homme dès qu'il s'exprime dans un discours digne d'une brève de comptoir.

Malgré sa sainteté et sa calotte le pape est un crétin aussi complet qu'un autre homme dès qu'il est question de science et plus précisément de biologie, un fœtus n'étant pas plus un être humain que ses spermatozoïdes sacrifiés en se masturbant.

Malgré sa sainteté le pape…

Je pourrais poursuivre l'énumération notamment en précisant son incapacité crasse à imaginer les conséquences dramatiques d'un avortement effectué hors d'un cadre médical. Or, en s'adressant à ses fidèles *urbi et orbi*, ou tout comme, lors de sa dernière catéchèse et déclarant honteusement à propos de l'IVG que « C'est comme engager un tueur à gages pour résoudre un problème. », après avoir, à la Trump, apostrophé la foule béate par un « Je vous le demande : est-il juste de mettre fin à une vie humaine pour résoudre un problème ? Qu'en pensez-vous ? Est-ce vrai ? Est-ce vrai ou pas ? Est-il juste de louer un tueur à gages pour résoudre un problème ? »,

Ce à quoi le cheptel de ses brebis répondit par un long et horrifié bêlement négatif, je l'affirme, le tueur à gages, c'est lui, Sa Sainteté, ou prétendue telle, chef du Vatican, ce petit état où le patriarcat fait force de loi, lieu où l'avortement ne peut en effet exister puisque aucun spermatozoïde ne rencontre jamais un ovule, terminant sa brève existence non pas au fond du siège percé légendaire mais bien dans celui d'une cuvette de WC, ou ailleurs et n'en dirai pas plus, car, s'exprimant ainsi, non seulement il voue à la réprobation, à l'insulte, au rejet, à la vindicte, à la haine, mais condamne aussi à la mort, à tout le moins à un désastre sanitaire, les femmes qui ne pourront plus avorter sans craindre un refus, vivant dans ces états sectaires – mais pas uniquement, également au sein de nos sociétés apparemment moins rétrogrades – obligées qu'elles seront, pour des raisons qui ne concernent qu'elles, d'interrompre leur grossesse grâce à des charlatans et non des médecins.

21 octobre - d'un polichinelle

Franchement, laisseriez-vous les clefs de votre maison à un type qui s'imagine l'oint du Seigneur, hystérique à mettre en scène sa sacrée petite personne, une espèce de nouveau Christ victime du complot des puissants, colérique à bousculer d'humbles policiers effectuant la tâche ingrate de garder une porte, dédaigneux à se moquer d'un accent, agressif à pulvériser verbalement les médias qui ne penseraient pas comme lui, hargneux, méprisant, ne sachant pas se contrôler, apostrophant les uns, vouant au diable les autres, s'estimant au-dessus des lois, hâbleur, voire mythomane à se prendre carrément pour la République, bref, franchement, lui feriez-vous confiance ?

La seconde question qui découle est donc la suivante : Mélenchon a-t-il suffisamment d'intelligence pour qu'on lui laisse, non seulement les clefs de la maison, mais surtout celle de l'arme atomique ?

En tout cas, il offrit l'autre jour à la France ébahie un sacré spectacle digne d'un sacré polichinelle.

26 octobre - du bio

Que le ciel leur chutât sur l'occiput, nos lointains prédécesseurs en étaient autant persuadés qu'une majorité de nos contemporains pour qui tout est synonyme de cataclysme.

Qu'il s'agisse de la nourriture, du temps, de la température, de la pollution, de la médecine, de l'agriculture, de l'énergie, de la vie même, tout est sujet à angoisse dans cet inventaire à la Prévert. Angoisse de mourir, ce qui adviendra tôt ou tard quoi que l'on fasse.

Pourtant, une constatation s'impose, aucune époque ne fut plus sûre, saine et bienveillante que celle que nous vivons, n'en déplaise à tous les croque-mitaines qui passent leur temps à se compresser la vésicule pour asperger de leur fiel ceux qu'ils côtoient, aidés en cela par des journalistes parfois inconscients, à la seule recherche du scoop qu'ils sont, divulguant des informations sans prendre la peine d'en vérifier la pertinence.

Le dernier avatar connu est cette étude publiée affirmant que manger bio évite certains cancers (jamanetwork.com), d'où les titres affichés dans les magazines à grand renfort de lettres majuscules et de points d'exclamation : manger bio préserve du cancer !

Aucun lien de cause à effet n'a pourtant pu être établi ! Donc, jusqu'à preuve du contraire, c'est faux. Vous pouvez manger ce que vous voudrez, si le cancer doit frapper à la porte de votre organisme, il entrera, quand bien même une carotte ou une tomate, aux pesticides bio ou non, mais chimiques aussi puisque tout l'est sur terre, voudrait lui barrer le passage.

Toutefois, cette affirmation ne fera pas changer d'avis les convaincus de l'escroquerie intellectuelle qui veut que bio soit mieux que le reste.

Le bio n'est pas plus sain ni mauvais que le conventionnel, bien qu'il puisse parfois s'avérer plus néfaste, comme autrefois, et jusque dans les années cinquante, où la nourriture provoquait de nombreux décès par intoxication, voire plus récemment avec la présence d'Escherichia coli sur des graines germées bio (Ministère de l'Agriculture), ou encore ce rappel de lots de farine bio contaminée par des micotoxines (medicite.fr).

Pire, les famines récurrentes de jadis dues aux cultures dévastées par absence de pesticides semant hécatombe et misère.

Peu importe après tout, que chacun mange ce dont il a envie, cultive comme il l'entend, sans vouloir imposer aux autres sa façon de penser ou de procéder, mais sans raconter des fariboles destinées à tromper.

Je le répète, l'époque actuelle, malgré qu'on en ait, et grâce aux pesticides ainsi qu'aux moyens de contrôle, est la plus protectrice qui soit depuis l'origine du monde.

6

Novembre 2018

7 novembre - de Pétain

Mais comment une idée aussi saugrenue a-t-elle pu germer dans l'esprit de Macron ? D'autant que Verdun ne fut pas une victoire éclatante, victoire due au général Nivelle et aux poilus plus qu'au seul Pétain à qui l'on veut rendre hommage le 11 novembre prochain.

Après l'avoir défendu en mai 1918 pour éviter son limogeage réclamé par la chambre, Clémenceau, la guerre terminée, n'apprécia guère Pétain qu'il jugeait « sans idée, sans cœur, sans cran, plus administrateur que chef, sans imagination et sans fougue (Wormser, *Clémenceau vu de près*, Hachette Littérature, p. 215-216) ».

Déjà le 26 mars de cette même année 1918, Clémenceau confiait à Poincaré que « Pétain est agaçant à cause de son pessimisme. Imaginez-vous qu'il m'a dit [...] "les Allemands battront les Anglais en rase campagne ; après quoi, ils nous battront aussi" Un général devrait-il parler, et même penser ainsi ? (M.Winock, *Clémenceau*, Perrin, p. 434) ».

C'est donc à cet homme qui n'aurait rien été sans Clémenceau et Foch et qui, seul à décider, aurait peut-être capitulé devant l'ennemi, que Macron, par son chef d'état-major, s'apprête à rendre hommage.

Quant à la phrase de de Gaulle sur Pétain selon quoi « [...] sa gloire à Verdun ne saurait être contestée ni méconnue par la patrie », rapportée par Griveaux, perroquet gouvernemental, est à mettre en perspective avec le fait que les deux hommes s'étaient connus et estimés très tôt, l'un colonel en semi-retraite et l'autre jeune lieutenant qui rejoint le régiment du premier cantonné à Arras où il pantoufle.

Appréciation qui peut s'expliquer également par un second épisode les rapprochant encore lorsqu'en 1920 de Gaulle devient le nègre de Pétain qui aspire à l'Académie française.

Alors il faut aussi rappeler le jugement de ce même de Gaulle qui résumait ainsi la compromission de Pétain avec l'ordre nazi : « Quand on va de Bordeaux à Vichy, on va nécessairement de Vichy à Montoire et de Montoire à Siegmaringen (Salat-Baroux, *De Gaulle-Pétain,* Robert Laffont). »

D'ailleurs jamais de Gaulle, après l'avoir finalement gracié, n'honora le prisonnier de l'Île d'Yeux.

Non, Pétain ne fut pas un si grand homme que cela, et quand bien même l'eût-il été antérieurement, son aveugle collaboration avec les nazis l'empêche à jamais d'être respectable.

Il n'y a que les fascistes à lui rendre régulièrement les honneurs.

Et Macron désormais.

17 novembre - du CO2

Alors qu'aucune étude n'a jamais démontré le prétendu caractère anthropique du réchauffement climatique, ce dernier, soit dit en passant, étant quasiment stable depuis plusieurs années, on le met en exergue pour justifier une salve de taxes propres à ruiner une économie déjà vacillante.

Les gouvernements successifs ont eu et ont beau jeu de viser la voiture, cet outil indispensable au quotidien de tous, pour écraser encore et toujours les budgets restreints de la plupart d'entre nous. Nul ne pouvant dédaigner ce moyen de déplacement, hormis quelques privilégiés qui sont souvent les mêmes à justifier sa disparition, nous devons nous plier aux décisions ineptes qui sont prises pour engranger des recettes qui, loin de permettre la réalisation des projets annoncés, ne servent qu'à éponger les dettes dues à l'impéritie de ceux qui nous gouvernent, entretenant de facto le ralentissement d'une croissance en berne.

Une espèce de système nucléaire dans lequel les taxes s'entrechoquent, déclenchent une réaction en chaîne et, le point critique étant atteint, provoquent l'explosion de la masse.

C'est ce que nous vivons aujourd'hui, les gilets jaunes étant les dignes héritiers de ces révoltés désespérés du VIe siècle écrasés par les taxes imbéciles du roi franc de l'époque et précurseur en la matière, Chilpéric 1er.

Ce n'est donc pas la première fois, et ce ne sera pas la dernière, qu'à force de vouloir les transformer en marmelade de fruits, les peuples se révoltent. À trop pressurer l'agrume, il ne reste que les pépins.

Car, ce qu'affirme le ministre du Budget, selon quoi l'État ne prend pas un euro sur les taxes sur les carburants, est faux et contribue à la colère. Pour plus de détail, il n'est que de lire l'article du journal Le Monde (Les décodeurs du 16 novembre 2011).

Puis, afin d'apaiser si faire se peut cette colère légitime, des contreparties sont offertes pour compenser partiellement ces augmentations. À quoi sert-il d'augmenter les taxes si l'on doit illico les compenser par des chèques énergie ? C'est stupide et dispendieux.

Aux aides à l'achat de voitures neuves, s'oppose un malus qui les annule rapidement tant il est progressif, aides qui, de toute façon, ne seront jamais suffisantes pour ceux dont le salaire côtoie peu ou prou le bas-fond du SMIC.

Il suffirait de prendre en compte l'inflation réelle, et non celle de l'année précédente, et d'agir en sorte qu'elle soit compensée par des hausses salariales systématiques. Car la colère ne s'apaisera pas tant que ces émoluments seront insuffisants.

Mais surtout, sachant que l'homme, jamais, n'aura une quelconque influence sur les lois de la nature et en particulier sur celle du climat, il s'agit d'une escroquerie intellectuelle que d'arguer d'une quelconque transition écologique pour justifier d'un impôt supplémentaire frappant les moins aisés alors qu'on privilégia d'une autre manière les détenteurs de capital.

Non, la température qui change au rythme des saisons ne sera guère modifiée par plus ou moins de CO2, le cycle solaire en étant le principal responsable (Conférence de V.Courtillot du 18 octobre 2018).

Au contraire de ce qu'affirment les médias – qui n'organisent jamais, ou rarement, de débats contradictoires sur le sujet, se réjouissant de distiller la crainte – la banquise arctique s'étend de nouveau et les ours, cette année, chassent plus tôt (voir le site Polar Bear Science).

En avez-vous jamais entendu parler ? Non, comme de bien d'autres sujets, tels l'ineptie coûteuse des éoliennes. En revanche, et ce n'est plus de l'information, mais un lavage de cerveau, l'amplification des évènements cataclysmiques à cause du changement climatique est annoncée à grand renfort d'images alors qu'il n'y en a ni plus ni moins qu'auparavant, et même en diminution pour certains.

Ou encore du CO2 atmosphérique décrié et dont on dit qu'il atteint son seuil critique, mais qui, à l'inverse, diminuant régulièrement, anéantirait toute vie sur terre si son taux devenait inférieur à 150 ppm.

On abuse de la crédulité des esprits pour imposer, dans tous les sens du terme, des solutions qui amplifient le malheur des masses.

C'est ainsi que des rois furent déchus, des tyrans fusillés, mais qu'également de dangereux extrémistes sont parvenus au pouvoir.

20 novembre - de l'entêtement

« En avant, matelot, ce n'est pas un petit vent de noroît qui souffle qui va nous faire changer de cap !

– En avant toute, capitaine ! »

Je ne sais pas si les termes de ce dialogue sont bien ceux d'un commandant à la barre, pas plus ne sais si un bon marin se cache sous la barbiche du Premier ministre actuel, après tout, bien qu'ayant vécu moi aussi dans une ville de marins, je suis certes moins qualifié que lui pour juger, mais je note qu'en matière de direction ce dernier a des allures de grand débutant.

L'autre dimanche, il prit la parole pour affirmer, face à la colère montante des laissés-pour-compte, ces gilets jaunes barrant les routes, qu'il poursuivait sa course, gardait le cap vers la tempête sociale qui s'annonçait.

Ou il est autiste pour n'avoir rien entendu, malgré ses dires, ou il a séché les cours de l'ENA lors du traitement du problème.

À moins qu'il ne se prît pour Éole soufflant sur des braises.

Car il ne fallait pas être grand clerc pour subodorer que son inutile prise de parole allait déclencher des vents contraires en affirmant poursuivre la politique de taxe engagée sans ajouter un mot pour envisager un éventuel dialogue.

Parler pour ne rien dire, c'est une technique bien connue de tout politique, mais impardonnable à tout bon capitaine face au danger ; sinon le bateau coule et le pacha avec lui.

7

Janvier 2019

8 janvier - des gilets jaunes

On sait que la jaunisse, ou ictère, en devenant chronique peut provoquer, en cas d'insuffisance hépatique sévère, une encéphalopathie qui altère généralement la fonction mentale par des troubles confusionnels, de désorientation, du comportement et de l'humeur. Or, l'excès de bilirubine qui se concentre aujourd'hui dans les rues et carrefours en les teintant de cette couleur jaune caractéristique ainsi que développant ses effets secondaires, a tout d'une maladie chronique qu'il serait grand temps de traiter.

Car, dans cette armée sans queue ni tête d'ictériques en tout genre, se révèlent de tristes individus dont les comportements, exaltés par l'impression d'impunité qu'ils ressentent et qu'ils ne peuvent éliminer, sont aux antipodes d'une réflexion sensée.

Car enfin, que sont ces faux démocrates qui cassent tout, dégradent, brûlent, appellent à la démission un président élu, menacent des députés eux aussi élus, rejettent des journalistes, boxent des policiers, frappent, menacent de mort ceux qui ne pensent pas comme eux ou ceux issus de leurs propres rangs et qui voudraient les représenter, que sont-ils, sinon des fascistes ?

Pourquoi appeler au meurtre de ce caricaturiste, Alex, dont le dessin paru dans Le Courrier Picard ne plaît pas plus aux ictériques que celui du prophète n'avait plu aux tarés qui ont assassiné au siège de Charlie hebdo, pourquoi, sinon vouloir agir comme ces derniers ?

Pourquoi murer la demeure d'une députée, brûler les voitures d'une autre, menacer de mort plusieurs autres de leurs collègues, pourquoi, sinon pour installer la peur, l'angoisse au sein de la société ?

Quel est le mobile de ces enragés annonçant vouloir envahir l'Élysée et, faute de le pouvoir, détruisent la porte d'un ministère pour y pénétrer et perpétrer des exactions, quel est leur mobile sinon inciter à l'insurrection, ignorant que nous vivons en démocratie ?

Que veulent-ils donc ceux qui bloquent le passage à ceux qui n'arborent pas un gilet jaune derrière un pare-brise, que veulent-ils, sinon imposer leur loi ?

Qu'espèrent-ils en exigeant un référendum populaire ou citoyen, qu'espèrent-ils, sinon faire voter pour tout, n'importe quoi et son contraire dès que l'envie surviendra ?

Qu'attendent-ils d'une prétendue démocratie horizontale ou directe sans leader, totalement désorganisée, qu'attendent-ils, sinon le chaos ?

À quoi sert ce blocage d'une économie déjà vacillante, à quoi sert-il, sinon espérer la pénurie pour mieux déclencher une guerre civile ?

Combien de temps supporterons-nous encore cette déliquescence qui ne vise qu'une chose : renverser la république pour installer un autre pouvoir ; lequel ? Le savent-ils eux-mêmes ces révolutionnaires d'opérette ?

Au début, ce mouvement m'agréait lorsque, bon enfant, il s'agissait d'encombrer passages piétonniers ou carrefour. Mais cela ne dure qu'un temps, celui d'obtenir satisfaction aux récriminations, retrouver apaisement par plus de justice. Elle fut longue à venir cette obtention, long à se dessiner cet apaisement, mais tous deux émergèrent enfin après les hésitations, les atermoiements, les palinodies de nos dirigeants.

Aujourd'hui, ce délabrement de mouvement m'horripile.

Car, ne vous y trompez pas, et malgré le soutien récupérateur de quelques personnalités qui se prétendent insoumises et qui ne sont en réalité que des fantoches attachés, liés, soumis à la seule opportunité, cette meute jaune qui déferle comme une armée de Playmobil® n'obtiendra rien de plus que ce que le gouvernement a concédé et qui déjà est beaucoup, quand bien même s'installerait-elle définitivement dans ces campements insalubres, répugnants, bâtis de bric et de broc à quelques encablures des ronds-points, car une démocratie ne se peut gouverner sous la contrainte de quelques centaines d'excités.

Dans ses mémoires de guerre (*Journaux de Guerre 1939-1948*, La Pleiade – page 176, Bourges, 30 juin 1940), Ernst Jünger, capitaine de la Wehrmacht, mais qui au péril de sa vie tant il abhorrait le régime nazi saluait militairement les Juifs qu'il croisait affublés d'une étoile jaune, notait que dans toute armée se produisaient des abus, ajoutant : « Cela demeure insignifiant, à condition que le sens de l'honneur ne se perde jamais. »

En l'état, j'ai bien peur qu'un nombre croissant d'entre ces révoltés ignore ce que signifie le mot honneur, n'ayant nul dictionnaire téléchargé dans la cervelle. Et pour ma part, si je peux saluer amicalement certains gilets jaunes, il en est d'autres, extrémistes sans conscience, à qui je tourne le dos.

28 janvier - de l'uniformité

Quatre mois déjà. Ou presque. Le temps nous échappe.

Paris, lundi, premier jour d'octobre, celui où Aznavour a cessé de chanter ; le soleil resplendit sur l'hôpital Tenon. J'attends celui que j'ai accompagné ici pour des examens de contrôle.

Dans le minuscule square Édouard Vaillant, serein face à l'hôpital qui fourmille d'ambulances, une colonne de Playmobil® défile devant moi ; d'une école maternelle proche, des enfants vêtus de gilets jaune fluo que leurs institutrices encadrent. Tous identiques ! Ils préfigurent déjà les cohortes qui envahiront les rues le mois prochain ; tout le monde l'ignore encore, particulièrement ce passant qui s'affale sur un banc ; s'exposer au soleil, un rêve de vacancier que cet automne printanier permet.

Longue est l'attente de la fin des contrôles médicaux. Il me faut bouger.

Je me dirige vers le Père-Lachaise, cimetière de l'est créé en 1803 que les Parisiens baptisèrent du nom du confesseur de Louis

XIV, tapi à quelques centaines de mètres, derrière les immeubles qui cernent le square de ce quartier de Ménilmontant.

Le calme et le silence m'accueillent dès la barrière qui protège l'entrée monumentale franchie. Soixante-dix mille tombes réparties sur quarante-trois hectares. Une ville avec ses rues, voire ses quartiers, les divisions. L'investissement est onéreux, à saigner à blanc les héritiers ; les places vacantes, pratiquement inexistantes dans cet espace clos, limité.

Aucune tombe ne ressemble à une autre. Dans ma recherche de morts illustres ou de monuments classés, je croise deux petites vieilles qui me disent bonjour ; l'une s'active avec amour à nettoyer la sépulture que l'herbe envahit, l'autre porte des fleurs vers celle de son défunt. Avant de les y rejoindre.

Peut-être m'eussent-elles renseigné si je les avais interrogées, car je m'étonne de trouver le tombeau de Marcel Proust alors que je croyais être à l'opposé, cherchant celui de Jules Romain. Sur le plan affiché à l'entrée, le nord n'est pas indiqué ; je me suis égaré, l'ayant perdu.

Si tous les morts qui reposent en ce lieu désormais se ressemblent, ignorent la hiérarchie, l'appartenance, la religion, D'Abélard et Héloïse transférés ici aux époux de mes petites vieilles, du mur des fédérés à la stèle, le cénotaphe, des victimes du Rio-Paris, des croix dressées à l'étoile de David et au croissant musulman, les monuments qui les protègent respectent encore les différences que, vivants, ils déployaient. De la plus simple tombe, comme celle de la famille Proust, à celle tarabiscotée, prétentieuse, monumentale, tous les genres s'affichent aux regards et manifestent, expriment, non pas forcément la richesse, mais la manière d'être, de penser, de celui ou celle qui repose sous la pierre, ainsi que le style de son époque.

Quittant l'endroit après deux heures à battre le pavé le long des étroits chemins qui séparent les caveaux tête-bêche, je me disais que nos cimetières acquéraient ce caractère banal dû à l'uniformité. Le granit ou le marbre, rose ou bleu, qui les envahit désormais ne permet plus de distinguer la tombe d'un cœur noble, simple, de celle du prétentieux. Ici également cette tendance me surprend, telle la tombe banalement moderne de Colette entre deux de pierre.

Reflets de notre société, des enfants de maternelle affublés de ces gilets jaunes censés les protéger aux tombes identiques, nous bâtissons un monde d'une platitude désespérante, sans âme, sans nuance.

Sans idéal en définitive, sinon cette insistance à vouloir ressembler à son voisin, vivant comme mort.

8

Février 2019

10 février - de la dualité

Désœuvré l'autre jour, je feuilletais les pages virtuelles qu'offre Internet. Outil fantastique à qui sait le dominer sans s'abandonner à l'accoutumance telle une drogue. Nous avions autrefois, et encore aujourd'hui, la télévision dans les images de laquelle beaucoup se sont noyés. À chaque époque, les inventions, les progrès ont su jouer ces rôles de succédanés d'existence où des générations se sont perdues alors que d'autres ont su y trouver les chemins menant vers de nouveaux horizons.

Il ne peut en être autrement, l'intelligence humaine étant duale, partie progressiste, partie réactionnaire.

Naviguant donc sur cette mer où derrière chaque vague scintillent de multiples perles, alors que je ne cherchais rien, faisant preuve ainsi de sérendipité, je tombais sur les premiers numéros du journal Détective. Les premières parutions datent de 1928, désormais numérisées par la BiLiPo, établissement dédié aux littératures policières.

Deux entrefilets retinrent mon attention.

Le premier, dans le numéro 1 du 1er novembre 1928, rapportait l'exécution dans la cour de la Santé d'un nommé Charrier qu'assistait l'aumônier qui gémissait, sanglotait en priant pour le condamné qui lui répondit que ça n'en valait pas la peine. À peine la tête roulait-elle dans le panier que l'aumônier, se séchant les yeux, se tourna vers les journalistes leur demandant, dans leurs comptes rendus, de ne pas estropier son nom qui s'écrivait avec deux " s ".

Étonnant qu'un homme de Dieu puisse s'émouvoir de son nom écorché plus que de voir son prochain coupé en deux. Ce devait pourtant être une âme charitable et compatissante comme le recommande la religion qu'il était censé représenter.

Le second, dans le numéro 9 de décembre de la même année, relatait le dilemme d'un juge d'instruction du tribunal de Versailles qui, après avoir fait écrouer une femme ayant avoué plus de trois cents avortements, n'osa aller plus avant dans ses investigations, non tant par crainte de manquer de place dans la salle d'audience d'un tel procès éventuel, mais tout bonnement parce que les clientes de la matrone (au sens ancien de sage-femme) étaient issues de la haute couture parisienne ainsi que du monde artistique, certaines étant les plus grandes vedettes théâtrales du moment.

Le juge Roussel, fit-il preuve de compréhension pour les unes et d'aucune compassion pour l'autre ? Ou avoua-t-il ainsi son impuissance à juger ? Je penche volontiers pour la première hypothèse, ne condamnant qu'une seule accusée.

Je me disais que si les temps malgré tout transmutent, progressent, l'âme, ou l'esprit, ne connaît guère le changement et demeure étrangement imperméable à toute évolution. À moins qu'on ne l'y oblige par la loi. Ce que certains prétextent pour se donner les raisons de manifester une opposition surannée, cependant dangereuse dans son manichéisme primaire.

17 février - de la mascarade

Hier encore nous eûmes droit au défilé qui devient traditionnel des insatisfaits perpétuels, accompagné par la non moins traditionnelle racaille, de droite ou de gauche, extrêmement casquée ou masquée afin que la vacuité de leur esprit soit protégée et ne puisse être comblée.

Dès l'origine du mouvement dit des gilets jaunes, historiens, sociologues, philosophes et autres théoriciens admirables de ce siècle, se sont succédé dans les médias, euphoriques de voir émerger de ce remue-ménage quelques nouveaux meneurs, ou leaders d'opinion, se félicitant de cette magistrale prévision, se réjouissant de futurs fructueux débats éventuels avec ces penseurs surgis de nulle part.

Or, que constate-t-on après trois mois de manifestations bruyantes et déliquescentes ? Rien, sinon la mise en lumière de deux ou trois fascistes assortis d'autant de crétins et de nombreuses crapules racistes, de casseurs inconscients et de discoureurs dysentériques dont la pensée est une logomachie sur ce que doit être la démocratie.

Et je me demande qui sont les plus à plaindre : ces nouveaux meneurs à la vision étroite ou ces hiérarques anciens devenus sophrologues ?

Les révolutions des peuples sont affaires sérieuses et, décidément, n'ont rien à voir avec cette espèce de mascarade, d'agitation débridée, déstructurée qui n'aboutira qu'à ce phénomène : desservir ceux qui croyaient pouvoir en bénéficier.

Et qui, manifestant à bon droit, obtinrent ce qu'ils réclamaient.

27 février - de la destruction

Croire et détruire.

En l'espace de quelques heures, je transformai une vieille tondeuse autoportée en pièces détachées, comme celles d'un mécano pour enfant. J'éprouvai même un certain plaisir à démonter cet assemblage afin de transporter sans difficulté l'ensemble pour m'en débarrasser. Auparavant, je contemplai les éléments à la manière d'un anatomiste devant un squelette, d'un archéologue face à ses fouilles. Inutile toutefois de me préoccuper d'en reconstituer la forme primitive, au contraire d'eux.

Comme il est plus aisé de briser que de construire ! D'où parfois ces accès d'une rage de détruire qui étreignent les hommes avec ce faux sentiment d'impunité.

***

Lu ce matin dans la presse le renoncement d'une chaîne de magasins de sport à commercialiser une sorte de passe-montagne pour sportive musulmane. Les dirigeants ont cédé aux menaces de tous les imbéciles qui ne tolèrent plus rien.

Favorisés en cela par les mensonges de la présidente d'un rassemblement de fascistes nationaux qui ne craint pas de se ridiculiser en débitant ses sottises sur les migrants et le reste.

Le résultat des diatribes de telles énergumènes se constate amèrement dans le chaos créé par le rejet des Anglais de l'Union européenne.

Les masses ont cela de particulier qu'elles sont promptes à suivre n'importe qui, croire en n'importe quoi, et particulièrement aux miracles.

Combien de temps faudra-t-il pour leur enseigner que le *deus ex machina* n'est qu'une supercherie théâtrale, quel que soit celui que l'on prie.

9

Mars 2019

4 mars - de nos actes

Hier, après-midi dans les vignes près de la maison à la recherche de quelques sarments afin d'en faire des boutures. J'avais repéré l'an dernier des plants d'un raisin de table à la saveur douce et sucrée perdus dans un rang de Colombard ou de Folle-blanche, cépages adaptés à la distillation du Cognac.

Le moment est propice, les vignes n'ont pas été encore taillées avant le débourrement du printemps.

Entre les rangs, l'herbe est rase pour le confort du vigneron qui viendra bientôt armé de son sécateur. « Désherbé au Glyphosate » me dis-je avec un sourire, me rappelant une discussion animée avec un couple écologiste.

Aux arguments sans preuve j'opposais alors l'absence totale d'études démontrant la toxicité de l'herbicide, hormis peut-être une parfaite supercherie, voire escroquerie – aussi inepte que celle du même tabac et du même individu sur le goût du vin altéré par les pesticides – face aux quelque huit cents affirmant que le Glyphosate est sans danger lorsqu'il est utilisé correctement, cette étude de Séralini voulant prouver l'empoisonnement des rats nourris avec un maïs génétiquement modifié tolérant au Roundup.

L'ironie dans cette discussion était que, tout en parlant âprement, mes deux opposants se roulaient des cigarettes qu'ils fumaient consciencieusement avec délice, méprisant le danger autrement toxique de cette fumée, dont ils s'emplissaient les poumons, que les calamités dont ils accusaient le Roundup. Comme quoi la foi qui nous anime ne permet guère l'objectivité et que nous importent peu les risques parfaitement connus lorsque la passion aveugle.

Cette anecdote me rappelle l'information lue dernièrement d'un jugement rendu au Canada, où des fumeurs attaquèrent l'industrie du tabac et obtinrent la condamnation des industriels poursuivis au prétexte que ces derniers n'avaient pas averti leurs clients des dangers du tabagisme. Cent mille emphysémateux, bronchitiques ou cancéreux se partageront, avant de mourir comme tout le monde, quinze milliards de dollars si la justice s'obstine dans ce verdict hallucinant et désespérant pour la conscience humaine.

De qui se moque-t-on ? On sait les dangers de cette plante depuis plus de trois cents ans, voire antérieurement. Même Catherine de Médicis, à qui Nicot expédia du Portugal des feuilles de tabac pour soigner ses migraines ou celles de son fils, en connaissait les désagréments. Déjà, le chirurgien napoléonien Percy subodorait son action dans le cancer du poumon. Dès le début du XVIIe siècle Jacques 1er, roi d'Angleterre et d'Irlande, dénonçait « cette déplorable habitude, dégoûtante aux yeux, désagréable au nez, dangereuse pour le cerveau, désastreuse pour le poumon ». On condamna même à mort en Turquie ceux qui enfreignaient l'interdiction de fumer, à la bastonnade dans d'autres pays ou à des mutilations en Russie.

Et fumer ne date pas d'hier ! Bien avant que la solanacée fût connue. Sans doute depuis le VIe siècle avant JC selon un rouleau assyrien représentant un roi aspirant de la fumée. Du chanvre, de l'herbe, des lianes, de l'eucalyptus.

J'en parle à mon aise, car, quand bien même ai-je cessé depuis plusieurs mois, j'ai fumé pendant plus de cinquante ans. Tout ! Pipe, cigare, cigarette… et même avant l'âge de raison des cigarettes à l'eucalyptus, dès l'âge de quatre ans précisément, prescrites par le médecin de l'époque pour soigner l'asthme.

Si à cet âge d'innocence j'ignorais les risques et me croyais déjà viril, je sus ensuite ceux auxquels je m'exposais. Jamais, pourtant, il ne me viendrait à l'idée d'attaquer qui que ce soit pour atténuer ma culpabilité.

La responsabilité de nos actes nous incombe et reporter vers les autres les erreurs que l'on commet ne nous absout en rien. L'appât du gain pouvant être malheureusement le moteur de nos sottises.

Mais l'effarant est que des juges puissent donner raison à l'absurde.

10 mars - de la crainte

Faire peur !

Je lisais dernièrement un article sur la présence d'acrylamide contaminant la nourriture, papier repris en chœur par tous les journaux comme s'il était urgent d'en révéler l'existence pour, non pas éduquer, mais effrayer. Faire peur, le leitmotiv du siècle.

L'acrylamide est un des composés carbonylés résultant d'une cuisson quelconque lorsqu'un acide aminé et un glucide sont en présence. Plus c'est chaud, plus il y en a ! Ce n'est pas un contaminant comme le suggèrent quelques atrophiés du vocabulaire, mais un composant naturel synthétisé par la chaleur. Pour plus de détails, il suffit de consulter toute encyclopédie à l'article « réaction de Maillard ».

Ce processus, découvert par hasard lors d'une expérience conduite en 1910 par Louis Camille Maillard, explique le brunissement et la modification du goût des aliments cuits. Mais plus important encore est la constatation du phénomène même à basse température, notamment dans le corps humain provoquant le vieillissement par oxydation des cellules. Le diabète accélère le processus sur les artères. Les substances induites sont pour la plupart toxiques et cancérigènes. On le sait depuis des lustres. Faire griller ses toasts le matin, sa côte de bœuf avec frites à midi et déguster une crème brûlée avec un biscuit le soir nous les fait ingérer en quantité, et notamment l'acrylamide.

Jusqu'à ce jour pas grand monde ne s'en préoccupait et vivait peinard en savourant le menu cité supra. Les industriels de l'alimentaire le prenaient en compte dans leurs procédés de fabrication, notamment les laitiers, afin d'en limiter, si tant faire se peut, la synthèse. Tout allait pour le mieux sur la route de la vie où tout est chimie.

Aujourd'hui, grâce à quelques cerveaux redécouvrant l'eau chaude, cette route que chacun croyait sans encombre se pave sans cesse d'obstacles qui nous incitent à rebrousser chemin et rentrer dans notre coquille. Ils doivent jouir à faire peur.

Bientôt, à les écouter, il ne faudra plus manger, boire ou respirer. Car, *nolens volens*, la réaction de Maillard est inhérente à la vie et ne peut être évitée. Ne restera alors qu'à disparaître, ou mourir si vous préférez. Ce, qu'à Dieu ne plaise, surviendra tôt ou tard quoi que l'on fasse.

14 mars - de la germination

Malgré le vent qui balaye la campagne et les averses ponctuant notre avance, promenade avec le chien qui apprécie modérément l'exercice.

Les champs de colza s'épanouissent et chaque tige se dresse défiant l'espace à conquérir, corolles jaunes éclosent au sommet de quelques-unes. C'est le printemps d'un peuple qui se lève lentement, mais inexorablement. Comme celui de l'Algérie dont la clameur se répercute en un chant d'espoir obstiné et pacifique.

Bientôt, ces champs étaleront leur aplat, conquête contrastée sous un ciel noir d'orage, avant que matures, ils disparaissent après la récolte des graines.

C'est ainsi que progresse le monde, dans l'explosion renouvelée de la germination de l'esprit.

17 mars - de la délation

Nul n'est à l'abri d'erreur, de jugement hâtif ou encore de médisance. Le reconnaître apaise en partie la honte que nous pouvons en avoir.

Sur le petit parking de la maison de retraite où je me rends le vendredi, la place, parfois, est manquante. Situé en plein centre-ville, à quelques pas des commerces et de la plage, les emplacements sont monopolisés par des véhicules qui n'ont rien à faire ici, leur propriétaire profitant de l'aubaine pour aller faire des emplettes ou se baigner.

Il y a quelques mois de cela, nous étions, l'ami que je viens voir et moi, sous les arbres du parc de la résidence lorsque nous vîmes une voiture se garer devant le seul accès pour fauteuils roulants et nous interdisant ainsi d'en sortir. Je courais après la jeune femme qui s'en allait vers les commerces lui demandant de déplacer son véhicule ; ce qu'elle fit en s'excusant mais, maugréant tout de même, n'ayant prévu qu'une absence brève.

Je racontais cet épisode à la secrétaire de l'établissement qui m'informa que le cas était courant, m'incitant à le lui signaler s'il se reproduisait.

À plusieurs semaines de là, arrivant comme de coutume, j'avisai un conducteur qui, après avoir garé sa berline, partit en piéton vers les rues commerçantes au lieu de se diriger vers le bâtiment où résident ceux que nous venons voir. J'en déduisis qu'il était de ces profiteurs accaparant le parking pour son plaisir et non par nécessité. J'en informai illico la secrétaire de qui, satisfaite d'en tenir un, sur un bout de papier qu'elle glissa ensuite comme une amende sous l'essuie-glace, écrivit qu'il était interdit de se garer ici.

Le hasard voulut que de l'étage où réside mon ami dont la chambre surplombe le parking, je fusse témoin du retour de l'homme et de son épouse auprès de leur voiture – que la mienne côtoyait d'ailleurs. Fenêtre entrouverte, je pus constater la surprise du couple à la découverte du message comminatoire et saisir toute la saveur du dialogue qui s'ensuivit entre eux et l'infirmière-chef qui par coïncidence se trouvait là et dont la réaction fut superbement intelligente.

« Mettez-le, dit-elle en parlant du billet, sur le pare-brise de la voiture d'à côté.

– Vous croyez ? S'épouvantait la femme qui hésitait d'effectuer une telle démarche.

– Oui, oui, je vous assure ; je le connais.

– Mais il ne sera pas content, insistait la pauvre femme, refusant toujours.

– Il a le sens de l'humour ; il en rira. »

Si je ris ce fut jaune, mais surtout éprouvai une indicible honte. Ce couple avait un parent résidant ici et après avoir laissé son épouse auprès de lui, le mari s'absentant bien innocemment, gara comme il se devait à son retour son véhicule sur ce parking ouvert autant à lui qu'à moi, que j'accusai indûment.

Nous agissons souvent sans plus réfléchir croyant détenir la vérité. En d'autres temps toute dénonciation, calomnieuse ou non, devenait tragique envoyant à la torture puis la mort ceux qui la subissaient. En cette époque, après les lettres des corbeaux, elle est malheureusement plus que jamais d'actualité par le biais de réseaux informatiques qui permettent aux délateurs, sycophantes en tout genre, bien des errances anonymes. En définitive l'esprit n'évolue guère et l'homme se comporte toujours avec autant de légèreté, persuadé qu'il est de faire œuvre utile. Ou bien serait-ce plus dramatiquement par pure méchanceté, jalousie ou haine ?

Reconnaître ses fautes voudrait balayer cette dernière hypothèse.

23 mars - de mythologie pâle

Le boxeur de gendarmes, lit-on dans la presse, est suspendu de ses fonctions par la mairie d'Arpajon où il travaillait le jour avant de regagner sa cellule la nuit.

D'aucuns vont pousser des cris d'orfraie dénonçant ce paradigme de l'injustice. Je n'y vois que le résultat de comportements éhontés de la part de ce prétendu héros, glorifié dans une fresque à la ressemblance étonnante avec un boxeur de carton-pâte qui fit les beaux jours de Hollywood.

Car, aujourd'hui dans nos sociétés sans honneur, les héros mendient pour couvrir les frais inhérents à leurs frasques et qu'en plus, insatisfaits de la somme obtenue, toute honte bue, ils rugissent et réclament un supplément de trois millions d'euros par le biais de leur avocat, ils ont bien pâle figure. S'ils savent compter, ne savent guère réfléchir, ou lire, car, comme il est écrit au bas des contrats de placements, les résultats obtenus ne présagent en rien des futurs. Selon leur méthode, laissant la cagnotte en permanence ouverte, ce sont des milliards qu'ils eussent pu quêter. Il faut bien que toute supercherie s'arrête un jour.

Aussi insignifiante que ceux qui les encensent, leur pensée se dévoile sous la caricature exposée sur les murs. Malgré le talent de ces tagueurs, nous sommes bien loin de ces Dieux olympiens rayonnant sur de hautes civilisations.

Ces nouveaux parangons de société ne planent que sur les bicoques bâties de bric et de broc près des ronds-points ; gourbis à l'image de leurs architectes que l'usure du temps vouera à l'oubli.

24 mars - de l'attention

Attention au chien ! Interjection impérative qui se veut dissuasive à l'entrée de nos cours, patios et jardins. Les Latins déjà l'utilisaient, qu'ils aient ou non un chien, l'animal étant le plus souvent représenté sur mosaïque ou terre cuite, attesté par celle trouvée à Pompéi recouvrant le sol du vestibule d'une villa.

Selon certains, l'expression ferait référence aux chiens d'or et d'argent campant aux portes du palais d'Antinoos, l'un des prétendants de Pénélope, le premier transpercé par la flèche d'Ulysse lors de son retour à Ithaque (Chant XXII – *L'Odyssée* – Homère – La Pléiade – pages 840-841).

Pour ma part, il eut été plus sage d'observer avec attention le chien qui m'accompagne dans mes promenades, lui que j'ai dû mener chez les vétérinaires après qu'il s'est affaissé tout à coup, dans l'impossibilité de se relever, comme paralysé.

Depuis plusieurs jours, voire semaines, les symptômes d'une faiblesse caractéristique eussent dû m'alerter. Je mettais cela sur le compte de sa flemmardise chronique. Las ! Il souffrait de polyneuropathie, diagnostic qui laissait présager le pire si l'hérédité en était la cause. Une sorte de maladie de Charcot du chien.

L'hypothyroïdie sévère détectée ensuite, qui donne les mêmes symptômes d'atteinte des nerfs périphériques, redonna le goût de l'espoir au chien qui comprit que la science devait être respectée, ainsi qu'à ses maîtres que l'euthanasie hantait en l'envisageant.

Il suffit désormais de lui administrer, soir et matin, l'hormone absente pour qu'il retrouve dynamisme et entrain d'ici quelques jours.

De la lévothyroxine ! Exactement celle du Levothyrox, dont on parla tant dernièrement et que beaucoup ont critiqué en raison d'effets secondaires découverts soudainement suite au changement de formule des excipients ; car l'hormone est rigoureusement la même, qu'elle soit pour l'animal ou pour l'humain, et n'entraîne ni plus ni moins de désagréments qu'avant.

Il est remarquable de noter, à ce sujet, que l'angoisse associée à un effet de masse provoque la crainte de l'un exacerbée par celle de l'autre. Bien souvent sans raison, sinon celle du mimétisme. L'absence d'esprit critique liée à la méconnaissance fait agir en dépit du rationnel et s'imaginer pour vérité ce qui n'est pas. Surtout fait succomber corps et âme aux chants des sirènes des pseudo-médecines ou traitements, pour leur malheur, ceux dont l'espérance a disparu et n'ont pas, comme Ulysse, sut s'en protéger.

Mon chien, pour sa part, qui met toute sa confiance dans la médecine, vétérinaire ou humaine, ne croit en aucun complot ni lobbying pharmaceutique, ne se plaint de rien et commence à revivre.

27 mars - de diverses icônes

Vu ce matin dans la presse une photo datant du 16 mars, prise le lendemain de l'attentat perpétré en Nouvelle-Zélande, de Jacinda Ardern. Admirable ! Une icône. Elle renvoie patauger dans leur fange tous les racistes, xénophobes, intolérants, tous les Renaud Camus, Soral, Zemmour, pour n'évoquer que ces petits nationaux, zélateurs de la haine, n'acceptant aucune autre religion, aucune autre pensée que la leur.

Cette jeune femme de trente-huit ans, élevée dans la religion mormone, par son regard, son attitude, son foulard porté fraternellement, face aux représentants de la communauté musulmane frappée par l'horreur, exprime tout l'amour que l'on peut porter à son prochain.

Plus que cela même, au-delà de nos différences elle affirme que chacun renferme l'unité, l'unanimité charnelle de la race humaine.

***

Les biographies ont cela d'exaspérant, que nous connaissons, avant même de refermer l'ouvrage, la fin de l'histoire.

Il y a déjà plusieurs semaines que j'ai terminé de lire la monumentale biographie de Victor Hugo par Max Gallo qui m'avait été offerte dernièrement. Je m'en suis délecté et y découvris des aspects ignorés, ainsi ce côté petit comptable du grand homme, radin tout autant que généreux, mais avec parcimonie, ou encore cet appétit sexuel s'apparentant à la boulimie, sans oublier bien sûr sa logorrhée de versificateur ; à se demander s'il ne parlait pas en alexandrin dans la vie courante. Léautaud d'ailleurs, lorsqu'il l'évoquait avec Jünger, pensait qu'on pouvait éviter de le lire ; mais de cela, Max Gallo ne parle pas, si admiratif qu'il était du poète que je me posai la question de savoir s'il n'avait pas lu jusqu'à la dernière ligne son œuvre. Ce qui en soi eût été un exploit plus grand encore que d'écrire sa biographie.

Bien évidemment, comme pour les autres, le bouquin s'est refermé sur un enterrement.

Que voulez-vous, la vie est ainsi faite qu'il faut un jour ou l'autre la quitter.

***

Le chien, qui lui ne s'exprime que par le regard ou les mouvements du corps, récupère de ses aventures vétérinaires et ne rate jamais l'occasion de venir se coucher à mes pieds à l'heure de la sieste lorsque j'ouvre le livre en cours. Il faut toutefois que je l'aide encore à se lever.

J'ai repris la lecture des Historiettes, de Tallemant des Réaux, que j'avais délaissées depuis longtemps. Les petits comme les grands du XVIIe siècle y sont décrits au scalpel. Ainsi Ménage, avocat sans grand talent, et surtout sans goût pour la profession qu'il délaissa pour se faire abbé, sans ordre ni prêtrise, afin d'obtenir une prébende lui permettant de se consacrer à la grammaire et à son péché mignon, la médisance.

Ce penchant lui vaudra bien des aventures et déboires. Alors papillonnant dans l'entourage du cardinal de Retz, l'intendant de ce dernier, un nommé Rousseau, et quelques autres firent « carrousse » avec Ménage – c'est-à-dire burent et mangèrent plus que de coutume, ripaillèrent en un mot – et badinèrent avec lui, le soulevant en l'air et voulant le mettre comme Diogène dans un tonneau, l'appelant leur philosophe.

Ménage crut qu'on se moquait de lui, mordit un des rieurs, se querella avec les autres, reçut un soufflet puis un « coup de poing à assommer un bœuf, comme s'il fallait tant de gens contre un philosophe. » s'étonne ironiquement Tallemant. Malgré les excuses notre grammairien furieux s'alla plaindre au cardinal, lui demandant de chasser son intendant, de l'autoriser à lui administrer des coups de bâton et qu'à moins de cette vengeance, il quitterait son service.

Le cardinal ne balança pas entre l'homme de lettres et son intendant qu'il garda à son service. L'autre le quitta donc. Ménage se croyait indispensable. Le cardinal lui prouva qu'il n'en était rien.

Ainsi devraient réagir ceux qui ont responsabilité. Jamais le chantage d'un collaborateur ne devrait être toléré, et surtout n'y jamais céder. C'est faire preuve de sagesse, de bon sens, de raison que de ne pas répondre à celui ou celle qui met son poste ou son service en balance dans une négociation, car pour ce dernier, ce n'est pas servir, c'est ne penser qu'à soi, se croire bien supérieur à ce que l'on est vraiment.

29 mars - de l'affection

Lorsqu'il y a plus de huit mois maintenant, j'envoyai mon manuscrit de « À contre-courant » aux éditeurs, je n'avais mis en exergue aucune pensée significative, me satisfaisant d'un sous-titre affirmant que l'ouvrage traitait des « humeurs d'hier, affections d'aujourd'hui ».

Depuis j'ai lu ici ou là quelques aphorismes que j'eusse pu noter ; ainsi cette pensée de Pierre Dac : « Il est tout de même étrange que le mot "affection" signifie aussi bien attachement, amitié et tendresse que maladie grave, aiguë et chronique. »

Duquel de ces deux types d'affection souffre donc cet éditeur qui, après avoir accepté mes textes et signé un contrat, tarde tant à publier l'ouvrage ?

Il ne faut pas s'étonner de constater, comme le souligne le journal Le Monde, que les plates-formes d'autoédition (à ne pas confondre avec les faux éditeurs à compte d'auteur) séduisent de plus en plus, même des auteurs reconnus. Pleureront ensuite les responsables de cette situation.

Une autre pensée du même Pierre Dac, humoriste comme il n'y en a plus, ses pâles descendants, hormis quelques rares exceptions, me faisant sourciller plus que rire, pas même sourire, pensée qui pourrait être destinée aux peureux sectaires qui s'imaginent voir la France envahie par des contingents de migrants destructeurs d'identité nationale. C'est celle-ci : « Si, comme l'a dit le Général de Gaulle, la France n'était pas ce qu'elle est, c'est-à-dire la France, tous les Français seraient des étrangers. »

***

Au cours de l'apéritif dînatoire donné lors de l'anniversaire fêté hier soir, ébauche de discussion avec mon médecin de beau-frère sur la prescription des médicaments. À ma réflexion de m'étonner d'une nécessité de prescription pour obtenir certaines spécialités, sa réponse, qui ne faisait aucun doute dans mon esprit, justifia le rôle du médecin. Il eût été nécessaire – mais les conversations lors des repas tournent souvent court parce qu'elles se succèdent sans thème ni plan – que je poursuivisse le développement de ma théorie pour ne le pas vexer, explicitant le rôle fondamental du diagnostic avant toute chose. Déduction que seul l'homme de l'art peut préciser. Le reste n'est qu'une histoire de codex dans lequel on puise et, quelle que soit la façon de prescrire ou de délivrer la molécule, le patient fait ensuite ce qu'il veut et souvent, voire toujours, en dépit du bon sens. Ce qui ne changerait rien si l'acquisition d'un médicament était obtenue avec ou sans prescription.

La morphine même peut s'obtenir *ad immensum* en multipliant les visites médicales dans plusieurs cabinets puis officines. Je veux dire par là que quels que soient les contrôles, les moyens de les détourner sont infinis. Seule la précision du diagnostic a son importance et ce n'est pas par hasard si certains médecins, ou plus précisément professeurs de médecine, ancêtres des spécialistes, ne pratiquaient que ce seul geste, renvoyant ensuite le patient muni de la description de la pathologie vers son médecin traitant. J'ai connu l'un de ces personnages très sévères il y a bien longtemps du côté de Limoges, vieux professeur à la faculté de la même ville.

C'est une autre époque désormais où la médecine n'a pour récompense que les critiques des clients, car ils ne sont guère patients, toujours insatisfaits, se tournant vers de pseudo-thérapeutiques qui les grugent quand elles ne les tuent pas, à l'exemple de Steve Jobs, ce dirigeant d'Apple qui comprit son erreur trop tardivement pour être soigné et mourut précocement d'un cancer du pancréas à cause de sa stupide défiance en la médecine, en l'occurrence la chirurgie, privilégiant végétarisme, acupuncture et autre billevesée parallèle.

L'exemple des personnes anti-vaccins est également symbolique de cet état d'esprit inconséquent et je ne m'étonne pas qu'un écologiste comme Jadot puisse accueillir sur sa liste pour les prochaines européennes une militante de la régression en la personne de Michèle Rivasi.

Ces opposants à la vaccination, veulent-ils devenir des assassins et ceux qui les soutiennent leurs complices ?

10

Avril 2019

3 avril - du sadisme

L'ambassadeur du Koweït en Autriche est une crapule. Malgré sa bonne bouille de musulman moderne, ce bureaucrate au sourire avenant est un salopard qui porte un prénom qui semble convenir à l'Occidental que je suis, Sadiq, mais qui signifie « celui qui est loyal » en arabe. Ce qui, selon l'histoire que je rapporte ci-dessous, paraît très contradictoire.

Sadiq Mohammad Marafi épousa en 2013 Hind el Achchabi, marocaine et dirigeante d'entreprise, laquelle divorça fin 2014, un an et demi après l'union, avec le consentement du diplomate. Lequel, dix-neuf mois plus tard, soit en juin 2016, porta plainte contre son ex-épouse pour adultère.

On ne rigole pas avec l'adultère au royaume du Maroc, surtout vis-à-vis des femmes, ce qui valut trois ans de prison, ramenés à deux, à Hind el Achchabi qui les a intégralement purgés dans la prison de Salé près de Rabat, incarcérée alors qu'elle venait d'accoucher depuis une dizaine de jours de sa seconde fille. Il fait bon vivre sous la dynastie alaouite où l'on juge et condamne ses ressortissantes faussement accusées, de surcroît par des étrangers à des dates fantaisistes. Tout juste libérée, la jeune femme risque à nouveau la prison pour une nouvelle affaire. Mais c'est une autre aventure qui n'a rien à voir avec son histoire d'amour.

Vous me direz que la sentence est bénigne eu égard à celle qu'elle eut encourue dans le sultanat édénique de Brunei si pour son malheur elle y avait vécu. Ici Hassanal Bolkiah, sultan de son état, n'est pas une crapule, c'est un assassin, puisqu'il vient de promulguer la charia en sentence des crimes d'adultère et de rapports sexuels entre hommes. On lapidera donc à partir d'aujourd'hui celles et ceux qui oseront s'aimer en dehors des normes.

Comme si l'amour pouvait se satisfaire des sentiers battus ! Où que ce soit !

Cela me fait songer que les prêtres à qui l'on impose la chasteté ne peuvent qu'y déroger.

Et l'on s'étonne que certains d'entre eux aient pu apaiser leur désir avec des enfants. Enfants eux-mêmes, à la Michaël Jackson, n'ayant jamais connu autre chose de l'école au séminaire que la sexualité puérile, ils poursuivent à l'âge adulte leur quête du plaisir.

Cela ne date pas d'hier.

Je lis actuellement un roman d'Octave Mirbeau paru en 1890, année où il se rallie à l'anarchisme, roman vraisemblablement autobiographique, tout au moins en partie, Sébastien Roch, ce jeune pensionnaire jeté en pâture par son père aux jésuites d'un collège de Vannes où il sera violé par l'un de ses professeurs, le père de Kern (en réalité Stanislas du Lac, prédicateur et confesseur influent de l'époque), aussi mielleux, salopard et criminel que l'ambassadeur et le sultan réunis cités plus haut, puisque après son forfait commis et le refus de l'enfant de poursuivre cette relation, craignant pour sa respectabilité et son avenir en cas de dénonciation, ce prêtre l'accusera odieusement auprès du recteur du collège d'atteinte à la morale et de comportement dévoyé afin qu'il soit renvoyé de l'établissement.

De cet épisode, Mirbeau conçut une haine de l'église et du cléricalisme (« Le cléricalisme, voilà l'ennemi ! »), de toutes les religions qui asservissent l'homme.

Ce roman, dont le héros aux nom et prénom hautement symboliques, renvoie naturellement vers le cardinal Barbarin, condamné en première instance par les hommes, mais absous par le pape. Semblable au recteur du collège qui devait connaître la faute de son subordonné et n'agit pas autrement qu'en chassant l'enfant pour préserver l'enseignant, le cardinal savait forcément le crime du prêtre de son diocèse, mais se tut.

Ce roman n'est pas que la narration des crimes qui se perpètrent dans le silence angoissant des dortoirs, des chapelles, des confessionnaux, des recoins sombres propices aux abus que connaissent écoles – religieuses ou pas d'ailleurs –, colonies de vacances, camps scouts, garderies, clubs sportifs et autres rassemblements où se côtoient prêtres, pédophiles, prédateurs et enfants. Abusés, laminés, ces adolescents ne sont pas même soutenus par leur famille, à l'instar de Sébastien Roch rejeté par son père déifiant les jésuites. Ce roman est aussi le procès d'une société.

Il ne connut guère le succès ; pire, il fut mis sous le boisseau, comme il est dit, et pourtant attitude déconseillée dans l'Évangile (Chant XXII – L'Odyssée – Homère – La Pléiade – pages 840-841), et préluda à la conspiration du silence que subit Mirbeau pour son œuvre, plaidoyer pour une éducation libre, critique, débarrassée des scories religieuses afin que l'enfant s'épanouisse harmonieusement. Quels que soient les dieux vénérés.

Nous en sommes encore loin.

7 avril - des algorithmes

Les algorithmes nous gouverneront-ils bientôt – si ce n'est déjà ?

Dans mon dernier billet, l'autre jour, j'évoquais Octave Mirbeau que j'inscrivis dans les mots-clefs facilitant la recherche pour m'apercevoir quelques jours plus tard que le correcteur automatique avait sévi en modifiant autoritairement ce nom qui lui était inconnu. C'est cela un algorithme, un programme informatique destiné à calculer à votre place. Sans intelligence, esprit critique ou de déduction, ce bout de code impose sa terreur mathématique comme au bon vieux temps des révolutionnaires.

La correction qui s'ensuivit avait transformé Octave Mirbeau en Octave Mirabeau. Ce qui n'a rien à voir et ne signifie rien car, si Mirabeau exista, jamais il ne se prénomma Octave, mais Honoré-Gabriel. Honoré-Gabriel Riqueti, comte de Mirabeau, révolutionnaire et royaliste à la fois, orateur talentueux, jacobin, créateur du drapeau tricolore, mort à 42 ans des suites syphilitiques vraisemblables d'une jeunesse débauchée, premier panthéonisé puis déplacé en raison de la découverte de ses liens avec la famille royale.

C'est lui qui s'écria dans l'assemblée que les députés n'en sortiront que par la force des baïonnettes.

Voilà ce à quoi on peut s'attendre lorsque ces suites mathématiques, qui consistent à résoudre les problèmes, verront leurs tâches se généraliser dans la vie quotidienne. Ces bouts de code remplaceront les baïonnettes en étant peut-être tout aussi létaux. Déjà, les réseaux sociaux, Google et autres site de recherche les utilisent *larga manu*.

Bientôt peut-être la médecine ou la justice.

Quand on constate que les procureurs, et particulièrement japonais, qui réfléchissent autant qu'un algorithme programmé pour le résultat, agissent à l'identique d'un radar routier, il est indispensable, légitime, de s'interroger et de s'inquiéter.

Tout acte de contrôle déshumanisé est source d'aberration.

Je n'éprouve ni sympathie, ni antipathie pour Carlos Ghosn dont la vie de dirigeant ne devait pas être si délectable que d'aucuns le pensent. Je l'ai vilipendé en son temps lorsqu'il accusa à tort certains de ses collaborateurs d'espionnage industriel. Leurré par son entourage, il ne prit pas le recul nécessaire au jugement et condamna, lui aussi, comme un radar, comme un algorithme. La fin de l'histoire fut plus heureuse pour ceux qui en pâtirent et les dédommagements reçus contribuèrent à l'apaisement.

Je lui souhaite un dénouement identique dans l'affaire qui l'emprisonne au Japon où la justice s'apparente à la barbarie plus qu'à l'humanité qu'une civilisation digne de ce nom devrait présenter. Faut-il s'en étonner d'un peuple qui se délecte de lutte éléphantesque, de pêches à déprimer Jonas et admet, au nom de la tranquillité, la condamnation sans jugement, c'est-à-dire l'aveu extorqué sous la contrainte ? Voire la torture psychologique, et même corporel, dans la façon dont les accusés sont traités afin qu'ils avouent, coupables ou non.

Rien ne peut justifier un pareil traitement et rappelle le sort des prisonniers de la seconde guerre lorsque le Japon ne respectait rien et surtout pas la convention de Genève qu'il ne signa pas.

Déjà, alors que la première guerre faisait rage, dans une lettre à son mari datée du 12 octobre 1917 expédiée de Pékin, Alexandra David-Néel, pour les avoir côtoyés quelques mois, n'était guère tendre avec eux, les traitant de « […] microbes très laids et dangereux. » après avoir écrit que « Les petits « Japs » sont les Boches de l'Extrême-Orient ».

Bien sûr, l'évolution s'est faite vers la démocratie et l'apaisement. Il n'empêche, les crimes commis, tant envers les Chinois – qui ne valent guère mieux – que les Occidentaux auraient dû mettre ce peuple au ban des nations. Pour l'heure, il l'est pour sa justice. Et l'affaire Carlos Ghosn aura eu un mérite, celui de dévoiler la barbarie dont ils sont coutumiers envers leurs semblables.

8 avril - du hasard

Les aventures qui vous surviennent facilitent la compréhension de la réalité des choses.

L'autre jour, circulant en voiture, une ambulance, dont je compris lors de la rédaction du constat amiable qu'elle était pilotée par une débutante, vint, dans un virage qu'elle prit trop serré, heurter mon rétroviseur et en briser le miroir. Le choc fut violent et bruyant, ameutant le chien qui dormait à l'arrière.

L'accident eût pu être plus important ou dramatique bien que le véhicule d'en face, dédié précisément aux blessés et malades en tout genre, eût pu nous être utile. Mais ce n'est pas cela qui ensuite occupa ma réflexion.

Pourquoi, me disais-je, a-t-il fallu que nous nous croisassions précisément à cet instant précis, alors que circuler une fraction de seconde plus tard ou plus tôt eût évité cette rencontre.

Ce concours de circonstances prouvait, s'il le fallait, que la vitesse, ou autre élément régulièrement évoqué par les prosélytes de la répression, n'était nullement en cause. Il suffisait que je roulasse un peu plus vite, ou plus lentement, ou bien que la conductrice adverse fît de même, que celui qui l'accompagnait prît le volant ou encore que l'un de nous deux partît plus tôt ou plus tard, s'arrêtât en route, perdît quelques secondes à tel ou tel endroit, subît un quelconque ralentissement ou l'inverse, modifiât son itinéraire pour que nous ne nous rencontrassions pas en cet instant et ce virage précis ; et pour que l'accrochage n'eût pas lieu.

Le hasard voulut qu'il n'en fût rien et il en est ainsi de tous nos actes de la vie. Lorsque nous sortons de nos demeures, qui peut affirmer que le temps passé à chercher la clef qui fermera la porte ne constituera pas l'élément qui provoquera ou évitera un fâcheux concours de circonstances ?

« Un coup de dés […] jamais […] n'abolira […] le hasard

[…] avant de s'arrêter

à quelque point dernier qui le sacre

Toute Pensée émet un Coup de Dés. »

Stéphane Mallarmé

17 avril - de la polémique

Il est étonnant de constater avec quelle constance tout est sujet à polémique. Il ne s'agit nullement d'esprit critique, ce qui serait nécessaire et profitable, non, de la seule acerbité due à la méchanceté, la convoitise, la jalousie. Ça n'a pas manqué, des esprits chagrins, pour ne pas dire décérébrés, ont critiqué l'émotion qui s'est emparée d'une foule sidérée après l'incendie de Notre-Dame.

Du premier imbécile venu au syndicaliste bon teint, les dons des riches, pour ces bilieux, ne sont qu'étalement de leur superbe et non acte désintéressé. Dans sa prose haineuse, un crétin – mais il n'est pas le seul débile péremptoire – se plaît à invoquer un complot qu'il aurait prévu de longue date, une machination dont il est certain, d'un cartel d'entreprises manipulant dans l'ombre Macron ourdissant (je n'ai pas bien compris qui ourdissait tant était fumeuse la thèse) le projet d'incendie pour que ces donateurs obtiennent les travaux de réfection, évoquant pour preuve – ce qui m'interroge sur la santé mentale dudit prédicateur – la destruction des Twin Towers ou l'incendie du Reichstag. D'autres s'étonnent même que de vieilles poutres de chêne puissent s'enflammer, eux qui peinent pour allumer au chalumeau leur barbecue dominical. Du grand n'importe quoi qui n'a pu fuser qu'aux détours de neurones que l'alcool, ou la démence, entortille. Jusqu'à quelques prétendus économistes qui regrettent cette générosité trop ciblée ou de soi-disant penseurs dont les croassements expliquent qu'après tout, l'éphémère étant la caractéristique de la vie, la destruction partielle d'une œuvre d'art n'est que banalité.

Mais il ne pouvait en être autrement puisque de nos jours la stupidité déferle à la vitesse d'un torrent de boue, saccageant les esprits.

Finalement, me suis-je dit sans doute pour me rassurer quant au devenir de l'espèce humaine, ne s'agit-il que d'individus aigris inconscients de leur médiocrité.

Notre-Dame est à la France ce que le cœur est à l'être, lorsqu'il s'enflamme la déraison l'emporte.

Tout a été dit et répété ces derniers jours sur le symbole des cathédrales et plus spécifiquement sur celui de Notre-Dame. Il n'est pas nécessaire d'y revenir. Mais retrouvant un brouillon concernant un autre sujet où je comparais ces flèches gothiques s'élançant vers le ciel à nos fusées modernes conquérant l'espace, je me dis que rien n'a changé depuis le Moyen Âge ; depuis toujours en définitive, l'homme est à la recherche de l'inconnu, à la résolution de ce mystère : qu'existe-t-il au-delà de notre horizon ?

Et la réponse ne peut transiter que par les symboles que nous créons, totems devant lesquels nous nous prosternons, humbles côtoyant notre grandeur, et pour lesquels, grands ou petits, riches ou pauvres, croyants ou non, nous fûmes et sommes toujours majoritairement unis et prêts à tout pour les bâtir, les ériger ou les restaurer ; donner sa vie, sa liberté, son temps, son argent.

23 avril - de la confiance en soi

Je ne comprendrai jamais que des êtres humains puissent attenter à la vie d'autres êtres humains. Les bombes qui ont fait plus de trois cents morts et presque le double de blessés au Sri Lanka furent posées par des individus semblables à ceux qui en furent les victimes. Et pourquoi ? Pour quelles raisons ? Si au moins la guerre, l'envahisseur, pouvait justifier un tel déferlement de haine à l'encontre du soldat ennemi, pourrais-je expliquer, admettre ces meurtres. Mais ces morts ne demandaient rien, n'envahissaient rien, ne prétendaient à rien, sinon vivre en paix dans leur foi, leurs vacances ou leur travail. Alors, pourquoi ? Nul ne le sait véritablement, sinon a priori une haine religieuse d'un petit groupe islamiste qui jusqu'alors ne s'en prenait qu'à des statues.

C'est du moins l'hypothèse des dirigeants Sri Lankais.

Qu'importe, des vies sont désormais brisées, inutilement ; car, qu'adviendra-t-il ensuite ? Rien, sinon la répression. Qu'obtiendront les poseurs de bombes ? Rien, sinon la réprobation quasi-générale et le châtiment s'ils sont condamnés.

Alors, pourquoi ? La question reste malheureusement sans réponse eu égard aux actes identiques qui ponctuent les siècles de cadavres sanguinolents.

Mis à part l'attentat de Sarajevo, prétexte fallacieux de déclenchement d'un conflit meurtrier, qu'auront apporté tous les autres massacres, quand bien même sont-ils imaginés pour précisément provoquer des conflits ? C'est vraisemblablement avec cet espoir qu'agissent les islamistes radicaux, à l'instar des anarchistes du siècle passé, des instigateurs du massacre de la Saint-Barthélemy ou des criminels en tout genre guidés par la religion, la domination ou encore la jouissance d'affirmer une vaine idée de vengeance.

La haine est toujours à l'origine de ces tueries et leurs auteurs ne sont pas forcément ces stratèges imaginés, mais tout bêtement ces gens de peu assouvissant une colère que d'autres, plus machiavéliques, leur auront patiemment instillée. Le massacre des Juifs, récurrent au cours des siècles, en est le parfait exemple tout comme les génocides arménien, cambodgien, tutsis…

Ce qui ne te ressemble pas, ne pense pas, ne parle pas comme toi, ne prie pas comme toi, ne doit pas subsister, car c'est là sans doute une atteinte à ta tranquillité. Ce qu'il faut donc avoir peu de confiance en soi pour raisonner ainsi. Ce qu'il faut surtout de mépris envers sa propre race, car celui que tu élimines, ce n'est jamais que toi dans l'autre, ton reflet dans le miroir.

Les assassins tuent ignorant que leur glaive est celui qui les transperce.

Allez, portez-vous bien, comme dirait l'autre et si la barbe ne fait pas le philosophe, rappelez-vous de prendre garde au bœuf par-devant, à l'âne par-derrière et à l'imbécile de tous côtés.

24 avril - du racolage à la vanité

L'autre jour, 13 h 15, une voix de jeune femme, au débit rapide et à l'accent étranger, me racole familièrement au téléphone : « Bonjour, Monsieur Patrick, je vous appelle de la part de Monsieur Fabrice, astrologue… »

Je raccroche sans lui laisser le temps de terminer son argumentaire après lui avoir signifié que cela ne m'intéressait pas.

Un astrologue maintenant ! pestai-je in petto après m'être déplacé inutilement lorsque l'intempestive sonnerie écourta ma sieste quotidienne.

Impossible de reprendre ce farniente interrompu, la pensée en éveil me projetant quelques années en arrière, du temps où une voyante, qui réclamait chaque mois son dû en échange de platitudes distillées astucieusement, bernait ma mère, à l'esprit déjà affaibli, que nous ne pouvions, fratrie réunie, convaincre d'en cesser l'abonnement.

Suis-je donc parvenu à cet âge où l'avenir se rétrécissant réclame sa potion de certitude rassurante ? La sénilité est-elle en marche que déjà les vautours se pressent autour d'un Prométhée vieillissant ? Les connexions au monde virtuel permettent ces intrusions au cœur d'une réalité quotidienne. Désormais, nous ne pouvons plus passer inaperçus.

Tout autant que chez le pharmacien, cet épicier de luxe, qui me facture ce matin en supplément d'un médicament des honoraires liés tout d'abord au conseil, puis au remboursement du produit et enfin… à l'âge du patient ! Plus de deux euros, soit près de 20 % du prix fixé, dont une partie sera prise en charge par la Sécurité sociale. Il y aurait là une évidente économie à réaliser en supprimant ce qui me paraît n'être qu'une vaste escroquerie légalisée, car muni d'une ordonnance délivrée par mon médecin, je ne vois pas en quoi le potard de service peut m'être utile autrement qu'en me délivrant avec le sourire la spécialité sur laquelle son bénéfice est de 33 % environ.

***

Hier, enterrement. Cérémonie dans la petite église romane du village. Trop de monde pour y pénétrer. Je reste sur le parvis, qui est un grand mot pour l'intimité du lieu, parapluie en main sous la pluie compatissante aux larmes des proches. Il me permet d'abriter une femme que l'émotion ou une baisse de tension fait sortir de la nef, aidée par son mari (alors que j'écris ces mots, radio Chopin, une de ces innombrables radios internet que j'écoute en alternance, diffuse la marche funèbre du compositeur ; coïncidence amusante, si l'on peut dire).

Quelques visages me sont familiers. La majorité d'entre eux a revêtu le costume de circonstance qui dormait dans la penderie. Tous ont sans doute la même préoccupation, récurrente aux mêmes cérémonies : à chacun son tour ! Ils attendent dans la naphtaline.

Je marche autour de l'église, parcours le vieux cimetière abandonné qui dort par-derrière. J'aimerais y reposer plus tard tant tout y est sérénité entre les tombes de pierre émergeant de l'herbe verte.

Sur le monument aux morts qui jouxte l'église, une plaque de marbre aura tari mes larmes et me rappelle l'inanité des choses : le nom de l'un de mes fils y est gravé.

Prenez soin de vous et rappelez-vous que « vanitas, vanitatum et omnia vanitas ».

30 avril - de la juste sévérité

Demain 1er mai. Que va-t-il encore se passer du côté des manifestations ? Des voyous en noir (bien souvent pourtant des gens diplômés, instruits, intégrés) s'apprêtent à casser du flic et des commerces, imités par des ilotes en jaune. Leur rencontre avec les services d'ordre, non seulement de l'État, mais également des manifestants, tournera-t-elle à l'émeute ? Ces petits groupes, qu'ils soient de n'importe quelle couleur, nous fatiguent. Minorité, ils veulent imposer leur point de vue : la destruction de l'ordre établi. C'est un peu court comme programme, n'ayant rien d'autre à proposer. Ils deviennent dérisoires et lamentables dans leur ponctualité à vouloir défier la démocratie en lançant des slogans infâmes. Je pense à cette injonction incitant les policiers au suicide. Je trouve pour ma part que ces derniers ont fait preuve d'une infinie patience qui ne durera peut-être pas. En une autre époque, ou dans d'autres nations moins tolérantes, les morts, déjà, se compteraient par centaine. Ce qui, loin de moi, serait compris en réponse à leur cri de haine. Il faut être sévère mais juste.

Je m'acheminerai donc vers la promenade, le repas en famille ou la lecture pendant qu'ils plongeront dans la haine et la violence.

Tallemant par exemple ; le lire ou le relire, réserve toujours des surprises. Truffées d'anecdotes, ses historiettes nous plongent dans la société dite du Grand Siècle et nous en révèlent les mentalités.

On s'étripait pour un rien et, si le fil des épées s'est converti à l'Internet de nos jours, il est aisé de constater que la propension qu'à l'humain de s'en prendre à celui qu'il côtoie est toujours de mise. Tout comme complaire aux grands de ce monde était, ainsi qu'aujourd'hui, nécessaire à la réussite, à la promotion. Déplaire entraînant la disgrâce.

Pierre de Niert, de petite noblesse nous dit Tallemant, vieux singe malfaisant selon Saint-Simon, devint l'un des valets de chambre de Louis XIII. Il plut grâce à ses dons de musicien et de chanteur lorsqu'il fut appelé auprès du roi déprimé. Être valet de chambre, alors, ce n'était pas rien ; le plus proche du roi, le côtoyant jour et nuit, il lui parlait, plus même que ses conseillers, et l'accompagnait dans tous ses actes quotidiens, jusqu'aux appartements des maîtresses dont il contrôlait les itinéraires secrets. Confident parfois, témoin toujours le temps de son service, le valet de chambre avait une relation privilégiée avec le maître du royaume (sans aucun doute nos chauffeurs de ministres d'aujourd'hui en sont-ils les équivalents).

Niert, à un moment de son existence, ayant besoin d'argent en obtint du roi, insuffisamment. Se trouvant auprès d'Anne d'Autriche, il se plaignit de ne pas posséder quatre mille écus. L'une des femmes de chambre de la reine, Jeanne de Falguerolles, les lui donna. Tant de générosité le bouleversa et le rendit amoureux de cette jeune veuve extravagante, sans doute féministe avant l'heure appelant la souveraine « Siresse », et qu'il aima de nombreuses années. Sans pour autant se marier avec elle afin de ne pas fâcher le roi qui voyait dans cette relation, tant il ne supportait plus Anne d'Autriche et son entourage, la source de ce que nous pourrions appeler une agence d'espionnage. Louis XIII en rien ne sut gré de ce sacrifice et ne promut jamais de Niert à la fonction de premier valet de chambre, parce que lui répétait-il, il savait qu'il n'attendait que sa mort pour se marier. Ce qui advint en 1643, laissant enfin libres de s'unir les amants en 1644.

Pour autant de Niert n'obtint pas plus le poste si envié, Anne d'Autriche plaçant dans la chambre du jeune Louis XIV ses protégés. Dont Pierre de La Porte, devenu premier valet de chambre, que la reine disgracia quelques années plus tard pour avoir accusé Mazarin d'un complot, favorisant enfin de Niert.

Déplaire à ceux qui nous gouvernent, c'est prendre des risques. Combien de commis de l'état, de préfets en subirent les conséquences, de magistrats ou de hauts fonctionnaires ? Ou plus simplement, à chaque strate de la société, ceux qui subissent la loi d'une hiérarchie bornée, d'un supérieur, contremaître, chef de bureau ou autres directeurs en tous genres.

C'est aussi, de mon point de vue, la preuve que ces chefs, s'ils ont une haute estime d'eux-mêmes, n'en ont guère pour les autres, mais surtout sont possédés d'une tare qui s'acquiert au fil de l'ascension sociale : l'ivresse du pouvoir avec pour corollaire la défiance. Défiance envers les autres, mais aussi envers leurs propres capacités. Cette faiblesse d'esprit entrave leur raison. Leur peur d'être dupés, trahis, les incite à la vengeance préventive pensant, comme dit le dicton, qu'un renard peut changer son apparence, mais pas ses tours. Le renard, tout comme les hommes, peut s'apprivoiser. Leur incompétence en ce domaine prouve qu'ils ne savent pas commander, car il suffit d'être juste.

Sévère, mais juste.

11

Mai 2019

8 mai - de l'effet nocebo

Freud, qui distinguait une symbolique en toute chose, même et surtout quand il n'y avait rien à déceler, m'aurait vraisemblablement interprété illico le rêve que je fis l'autre nuit, moi qui ne rêve pratiquement pas.

Imaginez-vous en fauteuil roulant perdu dans une ville où chaque rue, chaque accès est bloqué par un élément impossible à déplacer, partant, à franchir en cet équipage. Les passants interrogés vous orientent vers d'autres rues, des quartiers inconnus, vous éloignant du but à atteindre et de ceux que vous devez rejoindre, quittés quelques heures auparavant de deux mains fermes actionnant du fauteuil les volants des roues. Un vrai cauchemar où l'on tourne effaré en rond. À devenir dingue.

On ne sait pas grand-chose concernant les rêves sinon qu'ils surviennent lors du sommeil paradoxal et qu'ils intéressent au plus haut degré les apprentis sorciers psychanalystes. Mais leurs raisons d'être, leurs fonctions n'ont pas été mises en évidence. Aucune théorie n'est scientifiquement convaincante. Si Freud y voit une soupape de l'esprit permettant d'évacuer les traumatismes de l'enfance, pour Carl Jung, c'est un moyen d'accéder à l'inconscient de l'individu d'aujourd'hui ; Hobson plaide pour une espèce de muse inspirant le créateur artistique ; un rappel à l'ordre pour d'autres, une régulation du stress selon Snyder, Bloch une sorte d'apprentissage ou encore une discrimination génétique pour Jouvet. Quant à Lacan, je n'en sais rien. Bref, on rêve sans savoir à quoi ça sert.

Pour ma part, le premier constat qui s'impose est de reconnaître que dans mon rêve, comme dans la réalité, il n'est pas facile de circuler dans une ville assis dans un fauteuil. C'est déjà d'une importance capitale et pragmatique.

Le second concerne la psychanalyse, cette escroquerie qui fait plus de ravages que de bien en vous propulsant aux limites de la psychiatrie. Je suis persuadé que si un émule de Freud lit ces lignes, il voudra me convaincre que ma souffrance est intérieure et qu'il me fallait l'extérioriser ; le rêve pour ces charlatans étant l'accomplissement d'un désir, il m'aura sans doute permis de prendre conscience de la difficulté que j'aurai à surmonter pour accéder enfin à ce souhait refoulé. Une sorte de quête du Graal par un Lancelot affrontant des dragons.

Malgré toute l'attention que j'ai pu porter à l'analyse du cauchemar, je n'ai aucunement découvert le Graal en question et encore moins les dragons à vaincre. Sinon, tout bonnement, et d'une façon très prosaïque, vouloir éradiquer en les embrochant les imbéciles qui se garent n'importe où et bloquent le passage des fauteuils roulants et de ceux qui sont dessus. En cela, je pourrais m'apparenter à Lancelot.

Après tout, peu importe sa signification, l'interprétation des rêves est la preuve que la psychanalyse ne sert à rien.

De la même manière que l'homéopathie, l'acupuncture ou les autres médecines toutes plus fausses les unes que les autres qui ont tendance à fleurir en cette époque de troubles mentaux multiples relevant de la psychiatrie (naturopathie, thérapie manuelle, thérapie neurale, médecine chinoise et j'en passe des dizaines, sans oublier le véganisme, végétarisme, respirianisme et autres sectarismes sans oublier nos rebouteux millénaires) la psychanalyse ne déroge pas à la règle et ne repose sur aucun fondement scientifique. À l'identique des autres pseudo-thérapies elle n'a jamais apporté la preuve de son efficacité, n'a jamais guéri quiconque, voire soulagé, bien au contraire.

Affirmer comme certains le font avec une candeur désarmante que son effet placebo est déjà une réussite en soi, n'est que l'affirmation inconsciente de son inefficacité. En effet, qui dit placebo dit, in fine, inaction. Imaginons une roue qui aurait un effet placebo ; ce serait une roue qui ne tourne pas, n'avance pas, n'entraîne rien, inactive, ne servant donc à rien. Tout juste bonne à contempler.

C'est très beau d'admirer une roue, mais ce serait mieux encore si elle vous permettait de vous transporter autrement qu'en rêve. Et ce rêve alors est l'aboutissement de son effet nocebo.

***

Monument aux morts. Ce matin sous la pluie son nom une fois encore, avec ceux du village, perdus dans d'autres guerres, fut énoncé « mort pour la France ». C'était dans le Sinaï, il y a douze ans déjà.

20 mai - de la médiocrité

Pense-t-il vraiment ce qu'il chante ou ne sont-ce que des mots débités afin de soigner sa publicité ? Après l'incitation à « Pendre les blancs », ce rappeur inconnu a « Baisé la France jusqu'à l'agonie ». Dans le cas d'une pensée consciente, il faut le traiter aux sédatifs, sinon l'immoler sur l'autel de l'oubli. Quoi qu'il en soit, il n'est digne d'aucune sympathie et c'est déjà faire grand cas de son imperceptibilité que de l'évoquer. Il est remarquable de noter que dans cette course à la notoriété tous les moyens sont bons pour tenter de gagner, même et surtout peut-être ceux les plus bas, les plus vulgaires, ceux qui flattent l'instinct le plus vil partagé par les masses, faisant preuve ainsi, non pas d'intelligence ou de raison, mais uniquement de démarche économique ou de marketing. Le rap n'eut jamais une quelconque essence poétique, voire artistique ; épiphénomène, il reflète la valeur de ses géniteurs, c'est-à-dire la cupidité violente, et celle de ses adorateurs, la médiocrité.

***

Tout autre est l'expression d'une mère, celle de Vincent Lambert. La perte d'un enfant est la cause d'une douleur inexprimable. Dans le cas de cette femme, connaître de plus la date de cette disparition annoncée, qui plus est la semaine précédant la fête des Mères, amplifie si tant faire se peut la détresse qui l'accompagne. Je la comprends, je la partage, tout autant que je comprends son appel à ne pas le condamner à mort – car alors pour elle, cette présence terrestre disparaîtra – sans toutefois l'approuver. Vincent Lambert, son fils, est mort depuis 2008, date de son accident. Mort cérébrale s'entend puisque aujourd'hui son état végétatif le fait légume sans conscience, sans espoir. Il ne recouvrera jamais une quelconque raison, une vie même animale. Par conséquent, il est indispensable de comprendre aussi la nécessité pour certains des proches du jeune homme de mettre fin à une situation pour eux invivable. S'il ouvre les yeux comme le montre cette photo indécente prise par quelqu'un d'indigne la divulguant dans la presse, comme on utilisait autrefois les enfants difformes mendiants, afin d'apitoyer le public, ce n'est plus que réflexe. Sans vouloir aucunement comparer, la grenouille que l'on étudie en la disséquant présente l'identique réaction.

Quant à ceux qui réclament de laisser vivre Vincent Lambert, ont-ils bien toute leur raison ? Le problème en rien ne les concerne, si ce n'est pour eux de manifester uniquement leur foi en la résurrection. Il n'y en aura malheureusement pas plus pour lui que pour chacun d'entre nous ; il végète. Et cet état végétatif permet à sa mère de le voir, le caresser, lui parler, comme s'il était d'esprit présent. Il n'est là que de corps, et pour une mère, c'est déjà beaucoup. Tout peut-être. Mais déraisonnable. Alors oui, il n'est pas facile de trancher, entre l'amour d'une mère et la raison des autres. En une époque pas si lointaine encore, la mort de Vincent Lambert eût été effective depuis longtemps, laminant tout dilemme. Nos technologies modernes repoussent cette échéance, exacerbant nos déchirures, laissant croire que n'arrive jamais la dernière heure. *Vulnerant omnes, ultima necat*. Il faut savoir l'accepter.

22 mai - de l'euthanasie

Encore ce matin l'affaire Vincent Lambert à la une des journaux. Aux championnats de l'indécence et de la tartufferie cette famille va gagner le premier prix. Si l'autre jour je compatissais à la douleur de la mère de Vincent Lambert, et compatis toujours, car la souffrance d'une mère est irrépressible, irréfragable, je ne peux que m'indigner de cet étalage d'un pathos dégoulinant, écœurant. La noblesse, la dignité consiste aussi à souffrir en silence. Diffuser une vidéo d'un peu plus d'une minute montrant le visage d'un jeune homme aux yeux perdus dans le vague de l'absence accompagnés des mots d'une femme pleurnichant, se lamentant, est indigne d'une mère respectueuse de la mémoire de son fils. C'est ce que fit hier Viviane Lambert en diffusant sur le site de Valeurs Actuelles, torchon friand de scandales, la vidéo qu'elle tourna. Indécent.

Que des avocats et des complices du Vatican s'exclament, à l'annonce de la décision de justice décidant de le laisser sous assistance, comme s'il s'agissait d'un match de foot, d'avoir marqué un but, qu'ils ont gagné avec la même ferveur que des entraîneurs sportifs adulés, encouragés, excités par leurs hooligans, est pitoyable.

Qu'une femme mette en avant son catholicisme pour refuser l'euthanasie de son fils relève de la tartufferie, puisque lorsqu'elle trompait le père de ce fils mort-vivant avec celui qui trompait sa femme, les liens sacrés du mariage que prône leur religion lui étaient alors indifférents. Tartufferie typique de ces consciences qui composent, transigent avec la loi qu'ils imposent aux autres.

Puis et surtout, quel avenir offrir à ce fils qui, grâce à la technique respire encore, mais ne semble pas pleurer au contraire de ce qui est affirmé dans cette vidéo honteuse (et si effectivement il pleurait, n'était-ce pas alors au contraire de ce que pense sa mère, mais parce qu'on lui impose une vie indigne ?) quel avenir en effet lui offrir alors que l'âge que l'on a laisse supposer qu'à court terme il deviendra orphelin dépendant ? Car Viviane Lambert, qui a peu ou prou l'âge de celui qui écrit ici, mourra bientôt, et selon toute vraisemblance avant son fils si la justice et la science se coalisent pour maintenir coûte que coûte sa vie végétative. Quel avenir lui réserver ainsi ? Et léguer ce fardeau à qui ? À son épouse, la seule à montrer de la dignité, mais qui ne peut refaire sa vie, à sa fille qui n'a pas connu son père, à sa fratrie, à la collectivité ? N'est-ce pas réagir en égoïste que de vouloir continuer à le caresser, le voir, lui parler quand on sait qu'on ne lui survivra pas ?

Et c'est oublier enfin que, si cet homme a encore un semblant de conscience, la souffrance dans laquelle il est enfermé, de laquelle il ne peut sortir, lui est intolérable. Car on ne vit pas ainsi, on végète. On attend, on espère, on souhaite, immobile et muet, la mort, comme un condamné torturé, martyrisé par ses geôliers, ses bourreaux.

26 mai - de l'éden ailleurs

Cette propension que nous avons à préférer l'ailleurs au chez soi provient peut-être de cette lassitude due à l'habitude, au désintérêt, à l'ennui ou à je ne sais quoi d'autre qui fait que l'on s'enthousiasme bien souvent à tort pour ce qui est différent de ce que l'on connaît.

L'autre jour, alors que j'étais avec cet ami handicapé et que les soignantes venaient pour les soins du soir, l'une d'elles regardant la télévision s'enflamma pour une tribu amazonienne ou africaine (ne suis pas sûr de l'ethnie n'ayant pas suivi l'émission) filmée dans sa vie de tous les jours, bâtissant des cases en haut des arbres, chassant, cueillant. Femmes, enfants, hommes, tous vivaient nus ou presque, se nourrissant d'insectes lorsque la chasse était mauvaise.

« Sont-ils pas plus heureux que nous ! » affirma-t-elle, nous les montrant et poursuivant sa démonstration en indiquant qu'ils n'avaient pas besoin de chauffage, se contentant de peu, se nourrissant de ce qu'ils trouvaient, s'entraidant. « Êtes-vous sûre, lui répondis-je, de pouvoir vivre longtemps comme eux, d'accepter privations, intempéries, luttes avec la faune, etc. ? Une dizaine de jours, peut-être, et encore rien n'est moins certain. »

« Ils n'ont pas besoin de confort, ils savent se passer du superflu ! » ajouta-t-elle alors que sa collègue protestait, car elle, elle aimait bien son confort et ne l'aurait pour rien au monde abandonné.

La forêt était luxuriante, le soleil brillait et les enfants souriaient en croquant mouches, coléoptères et autres scarabées locaux. La chasse n'avait rien donné, commentait-on en off.

Le tableau paraissait idyllique, paradisiaque, nous transportait vers l'Eden originel, certes, mais je n'étais pas certain, après avoir connu les atouts d'une vie connectée, à l'abondance excessive, que nous acceptions sans grincer des dents une existence dépourvue de tout.

Sommes-nous bien assurés d'ailleurs que ces peuples, confrontés au confort moderne, le rejetteraient systématiquement ? Mis à part quelques groupes réfractaires, comme cette tribu des Sentinelles tuant dernièrement un Américain voulant sottement les évangéliser, à l'inverse l'acculturation semble s'opérer. Les peuplades se raréfient, les nomades se sédentarisent, les régimes s'équilibrent et l'espérance de vie augmente. Faut-il le regretter ? Je n'en suis pas sûr et gage qu'à plus ou moins long terme ne subsistera plus sur cette planète d'homme sauvage, ce mythe qui fait encore rêver les candidats éphémères des jeux télés, ces épopées qui sont à l'aventure ce qu'un film porno est à l'amour. Les nudistes ne se décompteront plus que parmi nos habitants des villes avides de s'enclore en bord de mer et les tenants de régimes végétariens ou pires continueront d'aller dans leurs magasins spécialisés choisir leurs graines au lieu de grimper dans les arbres ou de cueillir les baies dans les haies.

Sans doute, est-il dans la nature de l'homme de toujours chercher autre chose. Insatisfait perpétuel, il part à la découverte d'un bonheur qu'il croit trouver au bout du monde, de l'autre côté de sa rue, dans des expériences exotiques, la maison de ses voisins ou dans l'entreprise qu'il aimerait rejoindre, alors que ce bonheur est présent là où il se trouve, mais ne le sait pas, parce qu'il oublie de le découvrir, de le regarder avec le recul, la distance nécessaire.

> « Heureux qui, comme Ulysse, a fait un beau voyage », chantait jadis Du Bellay, pour aussitôt préciser, dans Les Regrets, le retour « plein d'usage et raison […] Vivre entre ses parents le reste de son âge. »

30 mai - de l'abondance

Belle journée aujourd'hui. Après promenade avec le chien, cueillette des cerises que je dispute aux oiseaux, écureuils, mouches et guêpes qui s'en régalent. Nous vîmes aussi un renard de bon matin, au pied du cerisier, bien avant quelques lapins déguster celles tombées à terre. Récolte abondante cette année, malgré les vers qui pourrissent les fruits ; cet hiver, de délicieux clafoutis le réchaufferont.

****

Il faut bien trouver une raison, un fautif. Je n'ai pas sorti le vélo depuis plus d'un an, à cause du chien qui n'aime pas que je le quitte. Ses yeux tristes à me regarder, puis attendre sans bouger que je revienne. Alors c'est la fête et l'exubérance joyeuse.

12

Juin 2019

2 juin - du visage de la vieillesse

Michel Serres est décédé hier dans la soirée. Le philosophe a rejoint ses pairs.

J'ai toujours pensé qu'il avait été officier de marine avant de virer vers la philo. Il n'en est rien, ou si peu longtemps lors de son service militaire. Reçu à l'école navale, il la quitta assez vite pour intégrer Normale Sup.

Je n'ai lu qu'un seul de ses bouquins : Petites chroniques du dimanche soir. Recueil de ses dialogues sur France Info avec Michel Polacco chaque fin de semaine entre février 2006 et mars 2007.

Peu lu certes, mais souvent écouté car j'aimais sa voix à l'accent gascon diffusant sa vision du monde, de notre quotidien. Que demander d'ailleurs à un philosophe sinon des réponses simples à nos interrogations et surtout développer cet esprit critique qui manque à beaucoup.

Je l'avais aperçu par hasard l'autre jour à la télévision. Il paraissait malade. L'âge ! Et l'on se dit, comparant des photos distantes de quelques années, que la vieillesse, la vraie, celle dont on ne se relève pas, vient soudainement nous défigurer.

Il s'est donc tu dans un dernier sourire figé.

Platon, dans son apologie de Socrate, prête à ce dernier qui se défendait devant ses juges les propos suivants (troisième partie, § xxxii) sur la mort qu'il ne craignait pas : s'il s'agit d'un sommeil éternel sans rêve, ce ne peut être qu'un merveilleux gain, et s'il s'agit de retrouver ceux avec qui dialoguer, Homère, Palamède et d'autres, quel merveilleux passe-temps alors.

Désormais, Michel Serres n'a plus le choix.

3 juin - de l'inconsistance

Si gouverner c'est prévoir, ce n'est pas imaginer des romans de science-fiction.

J'apprends que nos députés, qui n'ont pour eux que le nombre et non le pouvoir de convaincre pour adopter des textes législatifs, viennent de voter une proposition de loi interdisant, pour dans vingt ans, l'achat de véhicules à essence.

S'il y a une décision imbécile, c'est bien celle-ci.

Tout d'abord, parce que nul ne sait ce que le monde sera dans vingt ans. Et certainement pas ce que seront les possibilités des carburants fossiles.

Ensuite, parce qu'il est fort probable que le rejet d'aujourd'hui vis-à-vis de ces carburants ne soit plus de mise demain, leur mise en cause dans le changement climatique étant minime, voire inexistante. Et s'il s'agit d'autres raisons, comme les encombrements ou la pollution, les nouveaux véhicules qui ne pourront qu'émerger participeront du même phénomène, comme aux siècles passés carrosses, diligences, voitures à cheval et chaises à porteur. Hier, le crottin de cheval empuantissait les villes et transmettait le tétanos qui conduisait à la mort. Il n'est que de constater par ailleurs les soucis de cohabitation que provoquent actuellement les trottinettes électriques, au demeurant aussi polluantes abandonnées et dangereuses, sinon plus, que les automobiles.

Enfin, ces élus ne l'ont pas été pour faire des effets d'annonce, mais bien pour légiférer intelligemment. Or, tout se passe comme si, avec cette loi, on voulait caresser dans le sens du vent, afin de le récupérer en tout ou partie, un électorat écologique versatile arrivé en troisième place aux dernières élections, et non par conviction profonde.

Les écologistes ne sont pas gens fréquentables. Éthérés, ils votent au gré d'une humeur vagabonde. D'autre part, espérant un monde imaginaire, ils s'émerveillent à la manière d'Alice des petits lapins creusant leurs terriers, ou rêvant de coquelicots sans jamais les voir pour la bonne raison qu'ils ne sortent pas des villes ou au mauvais moment lorsque la saison est passée.

Leur univers est miniature, ils ignorent que la terre est vaste et partant la moindre fourmilière leur devient un obstacle insurmontable envahissant l'espace. Ils prônent la décroissance pour un retour aux sources. Ils n'obtiendront que la ruine.

Gouverner, c'est prévoir ; ce n'est pas interdire. C'est donner les moyens à la société de croître et non de régresser. C'est espérer et non craindre. C'est vivre et non végéter.

Nos élus actuels végètent dans l'inconscience et l'inconsistance. Ils ignorent le formidable pouvoir de l'Homme, non seulement à s'adapter, mais aussi et surtout à trouver des solutions. Demain de nouvelles énergies émergeront (l'hydrogène, la fusion nucléaire et d'autres à découvrir) et ne seront pas produites par le vent ou le soleil éminemment capricieux.

4 juin - de l'inutilité

Passage rapide au palais de justice pour remettre une demande de reconduction de curatelle au greffe des tutelles.

Ai croisé dans un couloir une jeune femme avec une trottinette électrique. Elle marchait à côté, au contraire d'autres qui l'auraient utilisée sans vergogne malgré l'exiguïté du lieu.

Elle avait l'air un peu stupide avec cet engin que j'évoquai hier et connu pour enfant.

Cette invention sortie du cerveau d'insensés est une calamité. Outre le fait qu'elle est cause d'accidents désastreux, elle est polluante par sa batterie ainsi que par sa durée de vie qui est estimée à une trentaine de jours, consommatrice d'énergie, et surtout utilisée en dépit du bon sens par de jeunes (et moins jeunes) idiots qui se croient tout permis. De plus, n'ayant pas effort à fournir, elle ne permet aucun exercice physique à ses pratiquants.

Cet engin ne sert à rien.

***

Proposition imbécile d'écologistes convaincus d'œuvrer pour le bien de la collectivité : supprimer en les interdisant les vols sur les parcours où les trains ne mettent pas plus de temps pour les effectuer que les avions.

Une seule conséquence à retenir : l'afflux de voyageurs ne pourra être résorbé par la SNCF qu'à la condition de doubler les lignes. Imagine-t-on les dépenses à effectuer pour ce faire, la pollution qu'entraînera une telle débauche de ferraille et de béton, le coût en énergie des trains supplémentaires et les gares envahies par des voyageurs exaspérés par les retards récurrents du transporteur ? Non, on propose sans réfléchir. À croire que le cerveau de nos élus se ramollit et fond rien qu'à l'évocation d'un réchauffement climatique.

Ruffin, à l'origine de cette proposition souhaite voir les hirondelles, comme si l'avion, sous-entendu, les décimait. Il n'a qu'à venir ici, j'en ai vu voler hier au ras des blés ; signe d'orage.

Proposition reprise par Batho qui pratique l'emphase pour se faire remarquer, prouver qu'elle existe : tous les trajets en avion pouvant s'effectuer en deçà de cinq heures par le train sont à supprimer et à remplacer par ce moyen de transport et sans doute la voiture, le cheval ou à pied, voire le bateau pour se rendre au Maroc par exemple (environ 3 heures d'avion) ou en Israël (environ 4 h 30) si l'on veut aller plus loin dans l'emphase.

Les imbéciles ont de superbes jours devant eux.

7 juin - des nouveaux Nostradamus

Internet a du bon. Il nous est loisible, tout en travaillant, d'écouter musique, reportage ou émission télé.

Viens d'écouter Laurent Romejko vendre son bouquin dans l'émission C à vous.

Comment un individu un tant soit peu instruit peut-il avec aplomb débiter autant de sornettes en si peu de temps ? Déjà, le titre de son livre est un défi au bon sens : Météo 2050. C'est-à-dire dans trente et un ans. Je ne serai plus là pour en rire, mais je promets à mes descendants un étonnement spectaculaire dans leur attente déçue de ces prédictions à la Nostradamus. Le même étonnement qu'écouter, en 1974, René Dumont prédire la disparition de l'eau avant l'an 2000.

Outre le fait qu'il assène des mensonges comme d'affirmer que les événements cataclysmiques, à cause du changement climatique, se font plus intenses et plus récurrents alors que l'histoire et les statistiques prouvent le contraire, il ose nous prévenir que l'eau manquera. Dans certains pays, c'est depuis toujours une certitude que le dessalement de l'eau de mer, grâce au nucléaire, pourrait éviter ; ici, rien à craindre.

La France reçoit annuellement quelque quatre à cinq cents kilomètres cubes d'eau sous forme de pluie, grêle, neige. Cette eau s'écoule dans nos fleuves et rivières, remplit les lacs, mares et autres bassins, reconstitue les nappes phréatiques et nous permet de boire à notre soif. A-t-on déjà vu, hormis quelques rus éphémères ou médiocres cours d'eau, une rivière ou un fleuve se tarir ?

Sur cet apport annuel, trente-cinq kilomètres cubes sont dépensés toutes utilisations confondues, des particuliers à l'industrie ; à cela s'ajoutent une quinzaine de kilomètres cubes que l'évaporation fait disparaître. Soit au total environ dix pour cent de l'apport. Comment peut-on l'ignorer lorsqu'on fait métier de météorologue ?

Et le reste est à l'avenant, annonçant catastrophes en tout genre.

Un point cependant est à mettre à son crédit, il ne pense pas, à l'instar de Yves Cochet, ce chantre de la décroissance, malthusien au possible, qui le prédit, que notre civilisation aura disparu en 2050. Ouf, nous respirons !

Ces individus m'exaspèrent de chanter à longueur de jour et d'antenne leurs craintes en l'avenir. Ils sont ce que j'appellerai une nouvelle espèce d'homo, aucunement sapiens, mais timoré. *Homo timoratus*. Homme méfiant, peureux.

Quant aux journalistes qui se font leurs complices, qui n'entend qu'une cloche n'entend qu'un son. À moins qu'ils ne fussent également convaincus de l'absurde.

8 juin - de l'éclosion du désespoir

Dernières cueillettes des cerises. Plus de la moitié de la récolte est partie sur le tas de compost. La mouche des cerises, *Rhagoletis cerasi*, a ravagé la production. Cerises immangeables, molles, au goût suri, piquées chacune d'une infime blessure laissée par la tarière de la mouche qui a enfoui ses œufs. S'étant nourri de la pulpe, qui finit par pourrir en brunissant, la larve poursuit son cycle en hibernant sous terre pour éclore au printemps suivant et pondre comme leurs prédécesseurs dans les cerises.

Le dernier panier, qui traîna sur la table de la cuisine, fut en l'espace de quelques heures, la chaleur aidant, rempli de vers blancs minuscules qui sortaient des fruits.

L'arbre était magnifique pourtant, tout de rouge rutilant. Je comprends le désespoir des exploitants qui voient leurs récoltes réduites à néant à cause d'un diptère contre lequel le seul remède efficace vient d'être interdit par les instances gouvernementales.

Nous ne mangerons plus de cerises ou uniquement celles venues de l'étranger puisque nos voisins n'ont pas à subir ce handicap. Ils traitent leurs arbres et les fruits viennent à maturité sans encombre. Il suffit de les laver ensuite avant de les déguster.

Ces insectes, ont-ils une utilité dans le cycle de la vie ? Je ne sais. Il est remarquable de constater que l'arbre en fleurs ne peut produire que grâce à la pollinisation pratiquée par de multiples insectes, dont les abeilles, mais qu'un seul peut détruire cette éclosion de vie. Comme un tueur tapi dans l'ombre qui attend pour fondre sur sa proie.

11 juin - de la censure

La condamnation de Galilée l'ayant ému, par crainte de subir les mêmes avanies, Descartes ne publia pas son Traité du Monde qu'il venait d'écrire et dans lequel il souscrivait à la rotation de la Terre autour du Soleil. L'inquisition imposait ses idées.

Le phénomène ne date donc pas d'hier et les censeurs agissent toujours avec autant de délicatesse. Faudra-t-il donc s'autocensurer désormais pour éviter la réprobation, la mise à l'index, l'injure ?

À la fin du mois dernier c'est un professeur de l'université catholique de Louvain, Jean Bricmont, qui fut interdit de conférence par l'université de Nice à la suite de pression exercée par le président de l'association Tous citoyens. Le sujet de la conférence était « Comprendre la mécanique quantique ».

Je ne partage pas, loin de là, les idées de complot, de conspiration ou celles négationnistes que développe Jean Bricmont, mais le priver de parole est une erreur que seuls les peureux, les trouillards, ces nouveaux Homo timoratus que j'évoquais l'autre jour, sont susceptibles d'envisager. Que peut bien d'ailleurs cacher d'hérétique la mécanique quantique ?

Fin mai, encore un autre fut censuré ; sa chronique parue dans l'Actualité Climatique, revue de la Société Chimique de France ayant été retirée du site internet avant de réapparaître suite à la réaction indignée de 25 membres de l'Académie des sciences. Jean-Claude Bernier, professeur émérite à l'université de Strasbourg, émettait des doutes quant à l'origine anthropique du réchauffement climatique.

Je partage les idées de ce dernier et je comprends mal, au constat du bourrage de crâne inverse qui nous assomme chaque jour un peu plus, qu'on ne puisse de temps à autre entendre en la laissant s'exprimer une voix contraire.

Les censeurs sont porteurs d'une tare, ils veulent imposer aux autres le seul point de vue qui les intéresse et qu'ils pensent être la vérité absolue.

Il faut d'abord douter. Ensuite lire et écouter toutes les thèses, rapprocher les antonymes. Trier. Puis se faire une opinion.

Comment voulez-vous en l'absence d'antithèse être certain que votre choix s'opère sans défaillance ?

12 juin - de l'amour factice à la haine vraie

Les amoureux de la dernière guerre, nonagénaires vigoureux, qui se sont retrouvés après des années d'oubli, ne m'émeuvent pas. Je ne crois pas en l'amour régénéré après soixante-quinze années de séparation sans nouvelle de l'une ou de l'autre. Peut-être eurent-ils plaisir à se revoir une ultime fois, pour épater la galerie, mais de là à se dire qu'ils s'aiment toujours, qu'ils n'ont cessé de penser l'un à l'autre, à s'embrasser comme à vingt ans, alors que la vie passée après leur aventure de jeunesse est la preuve du contraire, il y a un gouffre océanique que je ne franchirai pas.

Ils font pleurer Margot, les midinettes, ils font de l'audience sans aucun doute, mais je crois plus en une opération télévisuelle qu'en la sincérité de leurs dires.

Je n'ignore cependant pas que l'amour, même à quatre-vingt-dix ans, existe. J'ai connu en maison de retraite de ces histoires invraisemblables de séparation de vieux couples à cause qu'une autre attira l'attention d'un mari encore vert malgré l'âge. Ou encore des mariages, des rencontres ; bref, des aventures amoureuses. Mais les protagonistes vivaient – et vivent – dans une promiscuité favorable sans s'être connus puis séparés des décennies auparavant. Dans cet univers clos, ils valsent ou se télescopent en fauteuil comme des poissons rouges dans un bocal. Ils se découvrent, se parlent chaque jour, mangent ensemble, s'estiment, se désirent ou se haïssent.

Dans l'histoire de nos amants de 39-45, après s'être aimés un temps assez court, ils disparurent dans l'oubli. Resurgir ainsi du néant n'est propice qu'au vaudeville.

Je préfère toutefois ces démonstrations d'amour, quand bien même seraient-elles factices, à cette haine qui déferle comme un torrent. La maison souillée, taguée de mots haineux, de mots de mort, de Latifa Ibn Ziaten, mère d'une victime de Merah, est une honte. Qui sont donc ces crapules qui osent ainsi s'en prendre à une mère qui pleure son enfant ? Ces petites frappes ne sont rien, que des raclures, des lâches veules se terrant dans l'anonymat d'où la justice les extirpera.

13 juin - de la course à l'enfantement

Je n'ai jamais aimé le foot. Sport vulgaire par excellence, il draine dans son sillage une cohorte d'individus que la haine fascine et anime. Je n'ai jamais aimé les joueurs de foot ; qu'ils soient masculins ou féminins, le sexe ne change rien à l'affaire. Je ne comprends pas que l'on puisse offrir des fortunes à quelques-uns d'entre eux pour courir sans grâce derrière un ballon.

Mais alors, pourquoi se réjouir lorsque l'équipe de France, homme ou femme, gagne, et grincer des dents lorsqu'elle perd ? Il y a là un mystère que je ne veux et ne peut expliquer, d'autant que je ne regarde jamais les rencontres filmées. Chauvinisme sans doute.

***

Réservée exclusivement aux hétérosexuels en couple depuis plus de deux ans, la procréation médicalement assistée ne leur est accessible que si l'un des membres est stérile ou présente une maladie pouvant être transmise au fœtus. Interdite aux couples homosexuels et femmes seules.

Le projet est de la rendre possible pour toutes.

Je ne sais pas si c'est une bonne chose. Mais pourquoi pas ? Après tout, me dis-je, il n'y a là rien de bien extraordinaire, sauf à penser que, la nature faisant à la perfection les choses, la fécondation est bloquée lorsque le couple est susceptible de générer des enfants tarés. On l'a vu avec les guerres où, les hommes valides et sains devenus indisponibles, la race s'amenuisait. Les progrès de la génétique obvient à ce handicap.

L'adoption est aussi envisageable. Nombreuses sont les femmes vivant seules qui choisissent cette solution. Peu importe ce qui dicte leur choix d'un refus d'enfanter, que la cause soit psychologique ou physiologique. Le bonheur qu'elles ressentent n'est comparable qu'avec l'amour qu'elles partagent. Accessible également aux hommes, l'adoption peut être la solution au désir de paternité des couples gays. Car pour eux, hormis la GPA, point de salut.

Mais qu'est-ce que la gestation pour autrui ? Un enfantement pour un abandon. Orchestré par l'autorité administrative.

Si les abandons sous X sont encore nombreux, malgré la contraception et l'IVG, je peux à la rigueur comprendre les motifs qui poussent une mère à le faire, mais en revanche, il m'est difficile d'imaginer une femme acceptant d'enfanter pour quelqu'un d'autre, quelle que soit sa motivation, puis de donner l'enfant à cette autre personne après l'avoir porté en son sein. Le tout moyennant finance.

Au-delà de ces interrogations, une seule en définitive me paraît à considérer : se soucie-t-on un tant soit peu du devenir de l'enfant ? Je crains que la réponse soit négative, tant l'égoïsme conduit nos actions.

16 juin - de la bêtise

C'était bien la peine que Malot, Hugo, Zola et d'autres décrivirent la misère humaine ou que Vallès s'insurgea contre l'injustice pour constater encore de nos jours qu'un juge condamne à la prison ferme un jeune d'une vingtaine d'années, qui avait faim, quand bien même est-il récidiviste et c'est bien normal la faim étant récurrente, à heure fixe, pour avoir chapardé, dans un magasin Franprix de Conflans-Sainte-Honorine où vigile et directeur, ces gardiens du Temple, avaient l'œil suspicieux, un sandwich et un jus de fruit ?

Mais qui est le plus stupide de cet infernal trio, le juge, le directeur ou le vigile ? Ils me font penser aux Érynies, ces trois sœurs vindicatives, Tisiphone, Alecto, Mégère, chargées du maintien de l'ordre, de la morale et de la bienséance dont nul n'osait regarder la représentation, à qui l'on rendait hommage par crainte, mais que l'on haïssait au fond de soi.

L'enfer est pavé de bonnes intentions affirmait Saint Bernard, mais je lui préfère cette expression tirée du Talmud qui veut qu'agir mal avec une bonne intention vaut mieux que suivre la loi avec une mauvaise intention.

***

Hier soir les oies du Capitole ont cacardé de plaisir. Toulouse a donc gagné son vingtième bouclier de Brennus, ce trophée rugbystique qui n'a rien de gaulois au contraire des joueurs et supporters de ce sport que la professionnalisation n'a en rien améliorés les rendant aussi furieux que les Erynnies. Je me rappelle une époque où les stades vibraient d'une joie partagée. Aujourd'hui, les huées, la bronca anime les mécontents pour insulter le chef de l'État venu saluer les joueurs. Finira-t-on les matchs de ce sport dit de gentlemen comme on les commence dans le football, c'est-à-dire dans la vulgarité, la violence et la bêtise ?

***

Je lis dans Sud-Ouest que 44 personnes en furie de la région de Cognac veulent porter plainte contre Monsanto. Après avoir pissé du glyphosate, comme ils disent, ils vont aller déféquer leurs sottises au TGI de Paris pour – n'ayons pas peur des mots – emmerder les juges en rejoignant le conglomérat des pollakiuriques prétendument pestiférés. Et pourquoi ?

Pour rien. Parce que le glyphosate utilisé à bon escient est sans danger pour l'homme selon quelque huit cents études et l'unanimité des agences sanitaires, contre un seul avis – celui du CIRC qui s'obstine à le diaboliser – et parce que les analyses faites sur les "pisseurs", comme ils se nomment, sont vraisemblablement biaisées ; les mêmes mesures effectuées par des laboratoires dignes de ce nom ne présentent pas, loin de là, les résultats qu'affiche le labo allemand référencé par le groupuscule. A-t-on d'ailleurs déjà vu des analyses médicales positives à 100 % et pratiquement identiques dans leurs résultats pour une cohorte de patients pris au hasard ? Cette seule coïncidence est déjà suspecte. D'autre part, le test Elisa utilisé, prévu pour l'analyse de l'eau, n'a jamais été validé pour l'analyse d'urine.

Quand donc cessera-t-on de prendre des vessies pour des lanternes ?

18 juin - de l'avenir d'une nation

Les grèves se multiplient. Elles ont toujours existé, du moins depuis la fin du XIXe siècle telles que nous les connaissons, les révoltes, jacqueries et autres rebellions s'apparentant au mouvement des gilets jaunes, grèves qui auront permis les avancées sociétales bénéfiques aux travailleurs. Après la grève du personnel des services hospitaliers d'urgence qui dure depuis plusieurs mois, celle du personnel de Radio France et celle des profs le premier jour du bac aujourd'hui.

Je ne sais pas si cette dernière action fut suivie et perturba les épreuves, mais je note qu'à la différence des personnels soignants qui ont le respect des malades en ne faisant qu'une grève virtuelle, ces profs qui n'ont pas encore quitté la cour de récréation dans laquelle ils prenaient plaisir à vivre, n'ont guère de respect envers leurs élèves.

D'autre part, réformer en France est d'une manière générale quasiment impossible et particulièrement dans l'éducation nationale où aucun ministre n'est parvenu à ce jour à faire bouger le mammouth comme disait Allègre. Les « mesurettes » prises à la va-vite n'ont eu finalement qu'une conséquence, celle d'éroder lentement la valeur des diplômes et surtout le niveau des diplômés. Cela ne date pas d'hier. Je me souviens de mes parents et grands-parents affirmant que le certificat d'études primaires (supprimé depuis longtemps) de leur époque équivalait au brevet, voire au bac, du nôtre. Ils exagéraient certes, mais il y avait dans cette constatation un fond de vérité.

Or, la prépondérance d'une nation se joue dans la pertinence de ses élites, du médecin de campagne au chef de l'État, de l'ingénieur à l'architecte, du chercheur à l'astrophysicien, etc., si et uniquement si les formateurs ont les compétences suffisantes pour transmettre leur savoir et sont en corrélation avec celles de leurs collègues étrangers. Nous regrettons année après année de voir les établissements français ne jamais figurer dans le peloton de tête du classement des meilleures facultés ou écoles. Harvard arrive toujours premier, la première université française est la Sorbonne qui, selon les différents censeurs, navigue entre la trentième et la soixante-quinzième place. Même nos prestigieuses écoles, Polytechnique, Centrale ou Normale Sup, végètent dans les profondeurs des divers classements.

Je sais bien qu'un classement, quel qu'il soit, n'a de valeur représentative que pour les esprits sportifs et ne méjuge en rien la compétence de ceux qui sont issus de ces établissements. Il n'empêche, cela signifie que l'enseignement est considéré comme meilleur ailleurs et que nous avons un effort à faire pour réformer cet état de fait.

La jeunesse est l'avenir d'un pays. À se demander si les profs, ces ex-élèves qui ne connaissent pas grand-chose d'autre de la vie que les murs protecteurs de leurs établissements, en ont réellement conscience.

À la relecture de ce texte, je m'aperçois que j'évoque notre pays qui fait partie d'un ensemble que j'ignore, l'Europe. À bien y regarder cette dernière n'est guère plus brillante dans son tout que dans sa partie hexagonale. Les seules universités qui rivalisent avec l'Amérique, dans le classement de Shanghai pour les vingt premières, sont celles du Royaume-Uni, qui sortira prochainement de l'Union, et de Suisse, qui n'en fait pas partie.

20 juin - de la révolte à l'acceptation

Qui se souvient de Zappy Max ? Le 16 juin dernier l'animateur radio de, entre autres, « Ça va bouillir » et de « Quitte ou double » est décédé à la veille de ses 98 ans.

L'information m'est passée totalement inaperçue. Il avait exactement l'âge de mes parents, c'est dire si sa voix nasillarde accompagna mon enfance lorsque nous l'écoutions au moment des repas, fin des années cinquante, sur les premiers transistors. C'est lui qui animait l'émission au cours de laquelle l'abbé Pierre remporta une somme rondelette pour les pauvres.

Il est impossible de se rappeler l'intonation d'une voix ; nul ne se souvient de la voix de Louis XIV ou de Napoléon, et pour cause, alors que leurs visages nous sont familiers grâce aux portraits qu'en firent d'eux les peintres de l'époque. Avec la technologie développée par Thomas Edison et que symbolise le petit fox de Pathé-Marconi, il eût été possible de les enregistrer et d'en restituer les accents. Ainsi que pour nos proches, et si nous ne le faisons, le temps efface à jamais cette singularité de l'individu. Tentez de vous souvenir de la voix de ceux qui vous furent chers, de vos grands-parents, voire de vos parents ; mission impossible. Le larsen de l'oubli perturbe nos mémoires.

La voix, cependant, est capitale dans l'intérêt que l'on porte à celui ou celle que nous côtoyons. Un orateur ne peut qu'avoir des intonations qui nous bouleversent, nous passionnent, nous sensibilisent, sinon son discours risque de n'être qu'un vague bruit dans le désert. Les dictateurs le savent bien, qui en jouent. Tout comme les politiques. Les mots d'amour ne le sont vraiment qu'avec un registre qui fait battre le cœur, ceux de la colère ou de la réprimande qu'avec celui de la peur, et ceux du commandement qu'avec celui de la soumission, de l'enjôlement. Et l'on imagine souvent faussement un visage au son d'une voix plaisante. Tallemant, à propos d'un comédien de son époque, le précise : « Jodelet parle du nez, pour avoir été mal pansé de la vérolle, et cela lui donne de la grâce. » Fumer modifia la voix de Jeanne Moreau lui apportant ce grave presque inoubliable. Je n'ai jamais enregistré la voix de mes proches, de mes fils, et je le regrette.

***

Je l'évoquais avant-hier, à propos de l'éducation. Même les élèves se révoltent. On croit rêver. A-t-on jamais vu apprenti dicter à son patron ? Le chef-d'œuvre serait de belle facture si les compagnons du devoir renâclaient de même, contestaient la voix de leurs maîtres.

Les lycéens qui passaient leur bac de français se sentent humiliés. Ceux des séries S et ES. Les meilleurs. Parce qu'ils jugent l'épreuve trop difficile. Le sujet en était un commentaire de texte sur un poème d'Andrée Chedid.

Ces jeunes écervelés, ne savent-ils pas qu'il faut prendre son temps pour lire la question, l'analyser un bon quart d'heure avant d'y répondre ? La réponse se trouve dans l'énoncé. Ce faisant, ils auraient constaté que l'écrivain est une femme et non un homme comme certains furent surpris de le découvrir ensuite. Pourtant, avec cette manie de tout féminiser dont on voit bien que c'est un peu stupide, ils eussent pu le deviner rien qu'à la voyelle finale du prénom. Enfin, disserter sur « L'écriture poétique et quête de sens, du Moyen Âge à nos jours », ne me semble pas être d'une difficulté insurmontable à des élèves dont l'âge les porte à rimer et s'épancher sur leurs peines et leurs joies. Ils ont tout de même bien lu quelques chansons de geste, puis des tirades, des sonnets et autres quatrains, écouter les chansons de Louis Chedid ou de Matthieu son fils (et petit fils d'Andrée) et enfin s'exalter sur des textes de RAP à défaut d'avoir lu Villon, Marie de France, Ronsard, Baudelaire, Éluard, Sabine Sicaud, Francis Ponge, Thierry Metz, Bernard Noël et tant d'autres. Rien qu'avec ça, il est loisible d'écrire une dizaine de pages. Et ne pas paraître plus stupides qu'on est.

***

Il est quand même remarquable qu'à notre époque, on s'émeuve continuellement pour des fadaises et que la moindre difficulté, ou le simple rejet, la mauvaise volonté, enchaîne une kyrielle de pétitions.

Car on pétitionne à tout va, et on l'exige, comme on mendie sans scrupule sur les sites idoines d'Internet. Dans l'espoir de voir fleurir des référendums, d'obtenir satisfaction, de modifier ce qui ne nous convient pas, acquérir plus que nous avons. C'est la porte ouverte à tous les abus. La politique participative est une absurdité qui débouche sur le dépérissement de la pensée, la décadence, le reniement des valeurs. « [...] est-ce l'opinion du grand nombre que nous devons suivre et craindre, ou celle du seul juge compétent, s'il en est un ? » répond Socrate à son ami Criton lui enjoignant de s'évader après sa condamnation à mort.

21 juin - du temps qui passe

Le temps nous assassine. Nul antidote à ce lent poison. Mon beau-frère, le médecin, prépare sa retraite au grand dam de ses patients. Ce n'était qu'avant-hier en définitive que j'assistai à sa soutenance de thèse. Et hier à celle de sa fille, Marine, en biologie.

Le 3 novembre 1983. C'était un jeudi. Université de Bordeaux II, dans la grande salle où les chaises faisaient face à la table du jury que présidait le professeur Sabathié, anesthésiologiste des hôpitaux, nous nous installâmes, en petit nombre, sa famille et ses amis pour suivre le déroulé de la prestation. Une heure ou deux à écouter et parfois tâcher de répondre en aparté. Le sujet de la thèse était relativement nouveau à l'époque, concernant un système de vidéo interactive pour l'apprentissage des gestes d'urgences. Depuis, on peut opérer à distance.

Après le serment d'Hippocrate, le professeur Sabathié, tout en buvant le champagne, nous expliqua, parmi les rires, comment respirer par la bouche pour diminuer l'alcoolémie en cas de contrôle. C'était une époque aux éthylotests imprécis et aux mandarins, malgré qu'on en eût, qui ne craignaient pas de vivre. C'était la dose qui faisait le poison, pour approuver Paracelse, comme les années qui s'entassent. Certains préconisaient de boire du vin en guise de reconstituant ; ainsi le professeur Portmann ; et d'autres de fumer pour éviter les anxiolytiques. Je me souviens du professeur Bernard, dans son émission radiophonique, raconter l'histoire d'un de ses patrons qui vécut jusqu'à 80 ans en fumant 2 paquets par jour. Aujourd'hui, ce sont les molécules qu'on recherche au milliardième de gramme qui effraient et l'on bouffe des neuroleptiques à la place de la viande en condamnant tout le reste. On veut tout changer, comme le vocabulaire. Tenez, tout en écrivant, j'écoute FIP Bordeaux où j'entends l'animatrice parler de « créateuses » –

« Oups, ça fait bizarre », dit-elle – et j'ai envie de lui dire que créatrices, ce n'est pas si mal que ça. À trop vouloir chercher l'originalité, l'infinitésimale différence, la stupidité nous guette. Comme à trop chercher le danger dans ce qui nous entoure fabrique des timorés, parce que, forcément, il y aura toujours quelque chose à trouver. Et les remèdes deviennent plus néfastes que le mal prétendu.

Une nouvelle ère commence, celle d'Homo timoratus. Homme peureux, craintif, méfiant, dont la vie devient un enfer à se préoccuper de ce qu'il mange, de ce qu'il boit, de ce qu'il respire, de ce qu'il sent, de ce qu'il capte, de ce que le climat lui réserve, de ce que la médecine ne fait pas, de ce que la pharmacie l'empoisonne, de la vitesse, des bouchons, de la surpopulation, de la nature, de la pollution, du CO2, et j'en passe, et bien sûr de ce qu'il pense. Tout est prétexte à se laisser dominer par l'angoisse, à distiller la peur. La crainte de la mort conduit les vies.

Les nouveaux prêcheurs monopolisent les médias, aussi dangereux, vindicatifs, accusateurs, menteurs, que ceux, jadis, qui hantaient les villes incitant à la croisade ou condamnant à l'inquisition, au châtiment suprême.

Et j'ai envie de vous dire, vivez et moquez-vous du reste. Seul le temps qui passe est un poison. Un soupçon d'estime de soi, d'amour, suffit pour éradiquer l'angoisse.

23 juin - du temps qu'il fait

Je lis dans Le Monde d'aujourd'hui que « Les déplacements qui polluent le moins sont ceux que l'on évite. » C'est ce qu'on appelle une tautologie, un truisme ou, pour être plus clair, une lapalissade, une banalité. Au même titre que la stupidité émise par les écologistes selon quoi « L'énergie la moins polluante est celle qu'on ne consomme pas ».

Phrases qui ne servent à rien, ne veulent rien dire, masquant la pauvreté de pensée de leurs locuteurs lorsque ceux-ci se prennent au sérieux. À moins qu'ils ne voulussent faire sourire, ce que je ne pense pas, les affirmations traitant, comme d'habitude, de la transition énergétique dans la politique de la ville où l'on souhaite limiter les déplacements et ailleurs à plus grande échelle.

Pour aller plus loin avec les auteurs, je leur suggère d'ajouter que les édifices qui agrandissent le moins la ville sont ceux qu'on ne bâtit pas, que le travail qui évite la mobilité est celui qu'on n'a pas, que la vie sociale la moins contraignante est celle qu'on ignore, que la ville la moins aménagée est celle où il n'y a rien, que l'existence la moins susceptible de polluer est celle d'avant et celle d'après la vie quand les pets les moins odorants sont ceux qu'on ne fait plus… après décomposition.

Il y en a un peu marre de tous ces discoureurs de l'inutile qui ne changeront jamais leurs habitudes, mais se permettent de vouloir imposer aux autres les solutions les plus contraignantes : plus d'avions, de voitures, plus de chauffage, plus de viande… plus rien en définitive.

Bien évidemment qu'il est essentiel de se déplacer, ce que l'homme à toujours fait pour mieux évoluer, découvrir les autres, maîtriser les éléments, conquérir le monde. Et peu importe qu'il émette ce qu'on voudra de gaz qui disparaîtront tôt ou tard, puisque toute chose ici-bas naît et meurt puis se reconstitue (« Rien ne naît ni ne périt, mais des choses déjà existantes se combinent, puis se séparent de nouveau » disait Anaxagore, ou selon Lavoisier, « Rien ne se crée, rien ne se perd, tout se transforme. »). Le CO_2 tant décrié, par exemple, nécessaire à la vie, est absorbé par les plantes, les océans qui le stockent et le transforment ; il ne précède pas la hausse des températures, mais la suit ; son taux dans l'atmosphère n'est que de 0,04 % dont 4 % de ce total représente la part de l'anthropique. Quant à sa durée de vie, elle serait de 100 ans selon les alarmistes, de 5,4 ans selon les optimistes, et de 7 ans pour d'autres scientifiques (chaque année 200 GT du gaz entrent dans l'atmosphère tandis que 200 le quittent, pour un réservoir estimé à 800 GT de CO_2, d'où un ratio de 800/200, soit quatre années en réalité, non compte tenu du turnover time).

Quoi qu'il en soit, la division mondiale par 2 des émanations anthropiques (donc, passer de 4 % à 2 % de 0,04 %) souhaitée par les utopistes diminuerait de trois fois rien la hausse des températures, relativement faible en elle-même de l'ordre de 0,6 °C, et désormais stable depuis 15 ans. Pour être précis cette baisse serait de 0,08 °C en moyenne mondiale et de 0,002 °C pour la France si l'humain avait le pouvoir d'agir autrement qu'en gesticulant autour d'un totem. Pas de quoi en faire des salades et surtout vouloir imposer des dépenses excessives assorties de privations multiples pour parvenir à de tels résultats.

Deux polytechniciens, qui a priori ont le même niveau d'études, J.M. Jancovici, écologiste tendance Malthus pour la décroissance et la taxation à outrance, et Camille Veyres, écolosceptique ronchon comme il se définit, ont des opinions diamétralement opposées sur les causes du changement climatique. Bien que le premier ait une vision positive du nucléaire versus les énergies renouvelables, il a le tort d'avoir un raisonnement anthropique du changement, alors que le second est plus rigoureux et précis, scientifique, dans la globalité de sa thèse résumée supra. Qui croire ?

Quant à la vague de chaleur qui doit en principe déferler sur l'hexagone, ce n'est ni la première, ni la dernière malgré l'affirmation d'un spécialiste météo s'exclamant que rien de tel n'eut lieu depuis 1947. C'est quand même omettre quelques épisodes transcendants. Je citerai, pour rafraîchir sa mémoire si courte, celui de 1976 qui dura trois mois (mai, juin, juillet) et après lequel nous subîmes, déjà, un inutile impôt sécheresse. Ou celui, début des années quatre-vingt-dix, plus de 40 °C à l'ombre, à Bordeaux pour les vieux gréements. Souvenir vivace du temps où Guillaume rêvait de Navale. Je me souviens également du goudron des routes qui fondait dans lequel, enfant, j'imprimais mes pas.

Nous nous moquions bien, en ce temps-là, de la météo et de ses prévisions. Nous prenions le temps comme il venait. Nous ne nous portions pas plus mal. Et surtout, nous avions foi en l'avenir.

24 juin - de la parité

La parité ! Que ne fait-on en son nom !

Mme Pénicaud, ministre, veut taper sur les doigts des entrepreneurs qui ne la respectent pas. Il s'agit encore d'une mesure exaspérante. Les entreprises ne recrutent pas en fonction des lois, mais en celle des besoins. La seule mesure à respecter serait celle de l'égalité des salaires.

La parité n'existe pas. Si à la naissance les sexes sont à peu près équivalents en nombre la situation se dégrade très vite pour, en fin de carrière ou de vie si l'on préfère, voir prédominer le nombre de femmes. Il suffit de visiter n'importe quelle maison de retraite pour s'en convaincre où la proportion avoisine les dix pour un. Les heureux rescapés n'ont que l'embarras du choix au grand dam de certaines.

Voudra-t-on un jour imposer, ici aussi, cette foutue parité ?

25 juin - du résidu à l'écologisme

Trump fait toujours la une des journaux. Ce résidu d'Homo erectus, accusé de viol par une ancienne journaliste, se défend en répondant uniquement qu'elle n'est pas son genre. Aggravant ainsi son dédain de la femme.

Par conséquent il affirme et prouve que si elle l'avait attiré physiquement, sexuellement, il l'aurait violée comme au bon vieux temps des cavernes. C'est découvrir sa véritable nature. Reconnaître implicitement le viol, comme l'enfant pris en flagrant délit de vol et qui le nie en reposant dédaigneusement l'objet. Il n'y a pas grand-chose d'autre à ajouter.

Toujours lui. C'est vrai qu'on pouvait confondre. Entre Khomeini et Khamenei, il n'est pas évident de s'y retrouver. L'un est mort depuis 1989 et l'autre, nouveau guide suprême iranien, subit l'anathème du champion du monde. Toutefois, lorsqu'on se prétend le plus grand génie que l'univers ait connu, le Dieu des cinq continents, le plus beau, le plus fort de la cour de récré, confondre l'un en apostrophant l'autre, quand bien même ont-ils la même barbe à trente ans d'écart, est inacceptable et parfaitement impardonnable.

***

Dans le marais ce soir suis allé promener le chien pour qu'il se baigne. Entre les champs de maïs et les potagers, qu'on appelle des mottes, serpente le cours d'eau qui ne sera plus curé, désormais laissé à l'abandon. L'éleveur de moutons, avec qui j'ai bavardé pendant qu'il empilait ses bottes de foin, me l'a appris avec consternation.

« Ça va être beau dans quelque temps ! Déjà que les rives sont guère propres et que le niveau est bas. J'l'ai jamais vu comme ça.

— C'est vrai, lui dis-je, il était nettoyé tous les 2 ou 3 ans.

— Deux fois par an, rectifia-t-il. Au printemps et à l'automne. Y'a plus de syndicat du marais, c'est la communauté de communes qui le gère.

— Et pourquoi le laisser ainsi ?

— Paraît qu'il y a des petites fleurs à protéger.

— Les fleurs, ça refleurit. Faut quand même pas exagérer.

— Ouais, ils poussent un peu loin, maugréa-t-il en retournant empiler son foin. »

26 juin - de l'inanité de l'orgueil

Le chantage à la démission n'est jamais la solution. Ceux qui s'y laissent prendre sont des faibles ; ceux qui y ont recours des infatués en qui l'on ne peut avoir confiance.

Le propos ne s'arrête d'ailleurs pas à la seule démission. Tout ultimatum est, de mon point de vue, irrecevable et ne grandit pas les joueurs qui s'affrontent. Car il s'agit bien de cela, un jeu à qui perd gagne.

Dirigeant, responsable, contremaître, chef d'équipe, le collaborateur qui mettrait en balance son départ et la soumission à ses projets, quels qu'ils soient, je lui signifierai illico qu'il a perdu son pari. Tout d'abord, parce que personne n'est indispensable ou irremplaçable. Ensuite, si j'accède à cette volonté je perds toute crédibilité à diriger, le gagnant croyant détenir un pouvoir sur celui qui le détient et vient de céder. Les relations ultérieures ne peuvent qu'en pâtir, l'un se défiant de l'autre, et vice-versa. La fierté d'avoir obtenu gain de cause ne peut qu'exacerber la colère d'avoir été dominé. En revanche, si, fin stratège ou le croyant, je plie par ruse devant le coup de force afin de ne pas respecter ma parole ultérieurement, les sentiments s'inversent, et la bonne entente ne sera qu'un feu de paille. Enfin, la négociation ne sert à rien après le chantage puisque c'est conforter l'espèce d'apprenti totalitaire qui tente de m'en imposer dans sa conviction que son intransigeance est fondée. Si négociation il peut y avoir, elle doit se tenir avant lorsque les parties sont indemnes de certitudes.

Lors du G20 qui s'est tenu à Osaka, Emmanuel Macron a menacé de ne pas signer la déclaration commune si l'accord de Paris concernant le changement climatique n'est pas pris en compte.

Il s'agit exactement de ce que j'ai décrit plus haut. Les signataires de l'accord de Paris sur le climat, constatant son irréalisme, son inaccessibilité (comment une personne sensée peut-elle croire qu'on puisse limiter une hausse de température à 2 °C ? C'est comme vouloir attraper les nuages avec un filet à papillons), après l'avoir signé sans obligation d'en appliquer la démesure, n'en tiennent aucun compte dans leur politique nationale. Avec raison.

Vexé, Macron menace. Ce sera avec moi et ce que je demande, ou sans moi.

Il n'y a qu'à lui répondre, chiche !

★★★

À propos du temps, nous vivons une période de chaleur à laquelle nous croyions n'être plus habitués. Pensez donc, 35 °C chez moi, 40 °C à Limoges ou La Rochelle et plus à Clermont-Ferrand, Paris sous les tropiques, Marseille dans le Ténéré. Du jamais vu. Enfin si, mais on l'oublie. La preuve des méfaits du gaz carbonique et son effet de serre. Surtout l'été.

Ce n'est que le vent venu du Sahara qui nous souffle son haleine brûlante.

Je suis persuadé que nous trouverons quelqu'un pour nous expliquer qu'il s'agit d'une mauvaise haleine et qu'il n'est plus temps de se boucher le nez.

Tant qu'on ne verra pas de dromadaires traverser la Méditerranée par ce moyen de transport, tout ira bien.

À propos, le dromadaire qui vit en Arabie n'a qu'une bosse au contraire de l'autre camélidé d'Asie, qui en a deux. Ah, le chameau ! se dit son cousin le berbère, il est plus fort que moi ! (injure qui peut être moyen mnémotechnique).

L'injure « Chameau ! » date de la moitié du XIXe et s'adressa d'abord aux femmes, sans doute par allusion à la monture, difforme de surcroît avec ses deux bosses comme des mamelles, et par confusion avec « grande gamelle » qu'on utilisait précédemment en ce sens, chameau venant du latin camelus emprunté au grec camelos, venu lui-même de l'arabe djamal ou gãmãl puis le provençal camel.

Dans la tirade du nez, Edmond Rostand utilise une concaténation qui permet à Cyrano d'inventer un animal fabuleux qui aurait, entre autres, quelque chose du chameau :

« Pédant : L'animal seul, Monsieur, qu'Aristophane

Appelle Hippocampéléphantocamélos

Dut avoir sous le front tant de chair sur tant d'os ! »

En fait il semble qu'Aristophane effectivement, comme le suggère Rostand, soit le géniteur de la bête humoristique (selon Lucilius, mais nulle trace de cette hybridation n'est retrouvée dans les comédies du poète qui pourtant en jouait avec bonheur).

Auteur ou reproducteur, quel que soit l'inséminateur littéraire, on peut dire qu'il eut du nez. Peut-être en buvant un peu trop sous une ancienne et lointaine canicule.

28 juin - de la précision

Je lis un article consacré aux présupposés dans lequel la philosophe qui l'écrivit utilise à plusieurs reprises l'expression « a minima » dans le sens d'au moins, au minimum. Elle n'est pas la seule à faire l'erreur. Je l'ai sans doute moi-même utilisée en ce sens avant de savoir que la locution adverbiale était un terme juridique tiré du latin *a minima poena*, c'est-à-dire de la plus petite peine. Interjeter appel a minima signifie que le parquet considère la peine infligée trop faible. Elle n'est donc pas synonyme d'au moins, bien au contraire. L'Académie précise que son emploi est strictement limité au domaine du droit.

13

Juillet 2019

2 juillet - de la prétention

Je lis sur un site qui se prétend littéraire, ActuaLitté, mais qui se permet parfois des entorses à la grammaire, que : « Un livre a le même prix partout : Les libraires défendent le prix unique. » Libraires qui s'émeuvent des rabais importants que pratique la FNAC (et d'autres d'ailleurs comme Chapitre) et s'en offusquent. Tout d'abord rien ne leur interdit de pratiquer la même politique commerciale. La loi Lang, cette hérésie sénile, le permet dans des limites parfaitement précisées, notamment celle concernant le rabais de 5 % qui désormais n'est plus offert pour les ventes en ligne (sauf à récupérer la commande en magasin, ce qui ne se peut faire pour Amazon ou Chapitre), mais sur place, dans la librairie, et certaines ne s'en privent pas en contrepartie d'une adhésion payante (FNAC, par exemple), gratuite (Mollat à Bordeaux, Decitre à Lyon) ou sans adhésion (Centres culturels Leclerc, rayon librairie des grandes surfaces). Quant aux autres rabais, encadrés également, ils se justifient pour les invendus par exemple à qui on offre, plutôt que de les envoyer au pilon, une seconde chance de découverte en les soldant. Préférerait-on que ces tonnes de papier fussent détruites ?

Ces marchands de livres, qui se prennent un peu trop pour une élite intellectuelle, se voudraient fonctionnaires, permettant ainsi de pallier l'incapacité dont ils font preuve pour évoluer. Lorsque le moteur à explosion remplaça l'attelage chevalin, disparurent diligences et voitures de poste. Les cochers du transport hippomobile s'adaptèrent et devinrent des chauffeurs ou disparurent. Cet exemple peut s'appliquer à bien d'autres métiers et peut-être bientôt à celui de libraire.

En quoi un livre, possiblement remarquable, devrait-il s'apparenter à une œuvre d'art ? Le manuscrit peut l'être, en tant qu'exemplaire unique. Son impression, certainement pas. Et tout comme il y a des reproductions plus ou moins onéreuses d'un tableau, d'une sculpture, il y a des exemplaires d'un bouquin à différents prix, quand le libraire veut bien le commander.

Je pourrais raconter une anecdote concernant mon propre bouquin qu'une lectrice tenta d'acquérir dans les librairies de sa ville. Impossible, lui répondit-on, demandez-le à la FNAC. Ce même bouquin qu'elle obtint enfin par l'intermédiaire d'une parente, dans une autre ville où un libraire moins stupide que ses collègues ne renâcla pas à le commander. Mon éditeur, interrogé, me répondit que beaucoup de libraires ne veulent plus s'emmerder (sic) malgré le fait que l'envoi est gratuit pour eux en plus d'une marge de 33 % en moyenne (selon les négociations variant de 25 à 40 %).

Pas étonnant dès lors que les lecteurs désertent les librairies et par ricochet, la lecture. Et notamment d'ouvrages un peu plus remarquables que les succès habituels sans valeur littéraire.

***

Lorsqu'une société est en déclin, elle respecte et rétribue mieux ses flics que ses profs, car le présent la préoccupe et lui importe au détriment du futur.

Après avoir brillamment soutenu sa thèse de doctorat de biologie générale il y a cinq ans maintenant, l'une de mes nièces vient de réussir au concours de l'agrégation « Science de la vie, sciences de la terre et de l'univers ».

Dernièrement, j'évoquais le classement de Shanghai en déplorant l'absence récurrente des universités et écoles européennes aux premières places puisque aucune n'y figure dans les vingt premières. Un classement ne signifie rien, mais dans le cas d'un concours comme celui de l'agrégation ou ceux d'entrées dans les grandes écoles auxquels se prépare, par exemple, l'un de mes neveux, si vous n'atteignez pas l'une des rares places fixées pour obtenir le diplôme ou la sélection espérée, quelles que soient les notes, vous êtes rejeté, oublié. Trois solutions s'offrent alors, en sourire, déprimer ou s'atteler à la tâche pour concourir à nouveau l'année suivante.

Nos établissements se satisfont, semble-t-il, de la première solution.

C'est ignorer que l'enseignement est l'avenir d'une société, d'un pays et que sans cela il végétera dans la médiocrité ou sombrera dans l'océan de l'ignorance.

Or, aux émoluments constatés et que chacun peut découvrir en faisant une recherche sur Internet, on comprend pourquoi nos meilleurs professeurs s'expatrient ou s'orientent vers d'autres univers ; d'où la réussite de ces universités américaines qui savent rémunérer à leur juste valeur les professeurs qu'elles recrutent et ces animateurs ou journalistes télé d'un nouveau genre bardés de diplômes, dont des agrégés, qui trouvent dans nos médias nationaux un remède à leur souhait d'une activité respectée et rémunératrice.

Pour mémoire, un prof au MIT (Massachusetts Institute of Technology qui arrive régulièrement premier au classement de Shanghai) gagne en moyenne annuelle 200 000 $ soit environ 177 000 €. En France, un prof agrégé, en fac et en fin de carrière, arrivera péniblement et annuellement à 73 000 €. Quant au prof agrégé débutant et terminant sa carrière en lycée, après des années d'un labeur assidu pour apprendre, dominer son sujet et obtenir en fin de galère le sésame espéré, son salaire, en brut, est d'environ 2 350 € mensuel à la fin de sa première année d'enseignement (2 099 € bruts les 3 premiers mois) pour terminer vingt ans plus tard à 3 890 €. Ce qui, soit dit en passant, est le salaire le plus bas pour un prof européen. Quelle espérance !

Si toujours s'épanchent de fins analystes, levant quotidiennement le coude pour autre chose qu'écrire leurs formules sur un tableau noir et n'ayant guère râpé leurs fonds de culotte dans l'impatience de la récré, analystes trouvant ces salaires importants, voire mirobolants, eu égard aux avantages de temps de travail hebdomadaire, aux vacances cumulées et en comparaison avec leurs propres ressources, il est aisé également de comprendre le mécontentement que suscite une pareille grille salariale irrespectueuse du savoir et surtout de la transmission de ce savoir, si tant est que l'on puisse savoir un jour quelque chose comme l'affirmait l'ami Socrate.

Cependant, ce ne sont pas aux élèves de ces professeurs, qui font la grève des copies du bac et par ricochet les handicapent, de subir et payer une colère légitime.

3 juillet - de l'effet morphinique

Le cas Vincent Lambert ressurgit après un énième rebondissement judiciaire. Il est urgent que la chose cesse. Les membres de cette famille se déchirent. Les juges jouent avec cet homme comme on fait valser un punching-ball. Le corps médical tâte de l'hypocrisie. Les politiques vénèrent Ponce Pilate. Vincent Lambert végète à n'en plus finir.

***

Déclenchement d'une cruralgie après un effort trop accentué pour monter le chien dans le coffre de la voiture. Dieu, que c'est douloureux. Il y a vingt ans, je suis resté bloqué tout un mois suite à une hernie discale qui, fort heureusement, se résorba sans intervention grâce au repos et aux antalgiques. La douleur, aujourd'hui est plus intense. Une sensation de déchirure accentuée de brûlure dans l'avant-cuisse et le genou. Pour sourire, je m'endors le soir dans les bras de Morphine, épouse de Morphée. Ce dernier aimait les coquelicots.

Les blessures servent aussi à comprendre l'étymologie et la pharmacopée.

Les dérivés de l'opium soulagent, mais ont d'autres inconvénients. Celui, par exemple, de rendre légèrement euphorique. Françoise Sagan, qui en abusa après son accident de voiture, ne put s'en détacher faute d'avoir été assistée. Ils affectent également la libido. Depuis la mort de Guillaume nous n'avons plus de rapports sexuels, Elle et moi. Le corps de la femme parfois me manque. Il n'est pas aisé de compenser, surtout lorsqu'on ne veut faire souffrir. Jeune marié, j'avais juré de tout dire si un jour je prenais des chemins de traverse, parce que je ne puis tolérer le mensonge.

L'expérience montre que se taire n'est pas mentir et permet de ne pas exposer celle que l'on aime à la souffrance, et peut-être éviter de plus terribles conséquences.

Toujours est-il qu'en ce moment nul désir n'affectant mon dilemme, il n'est pas nécessaire que mon esprit se contorsionne à la différence de mes lombaires.

4 juillet - du coq à l'âne

Le chant du coq ! À Rochefort, aujourd'hui, s'est tenu le procès d'un coq, assigné avec sa propriétaire à comparaître devant les juges pour trouble anormal de voisinage.

Retour au Moyen Âge où les condamnations d'animaux étaient chose courante. La pendaison d'un cochon s'effectuait avec le même cérémonial que s'il se fut agi d'un humain. On jugeait d'ailleurs en pagaille les animaux accusés facilement de tous les maux. De l'anguille au renard, du loup au sanglier, des charançons aux sauterelles, la justice condamnait, à mort, à la mutilation, à l'exil, voire à l'excommunication quand le religieux s'y mêlait.

Espérons que ce coq au chant troublant la quiétude de deux retraités limougeauds, ne finisse à la casserole. Même si le coq au vin est un délice dont je me pourlèche à sa pensée la moustache.

Au-delà de la gastronomie, peut-on imaginer pire stupidité que la démarche de ces deux sexagénaires obtus ?

Ce soir, le coq dort encore chez lui. Le jugement sera rendu ultérieurement, le 5 septembre. Il a encore de belles matinées pour chanter à gorge déployée, heureux de vivre en découvrant le jour. Grincheux de vivre en l'écoutant « cocoricoter », nos ulcéreux en instance auront quelques semaines supplémentaires pour tenter de se faire une raison et passer – pourquoi pas, il y en a un qui brait toute la journée près de chez moi – du coq à l'âne.

Parce qu'il m'étonnerait que Maurice – c'est le nom du coq – fût, un jour, condamné avec sa propriétaire. Est-il né le juge assez déraisonnable et téméraire pour désavouer ce que la nature a créé ? Quand bien même le magistrat prendrait le temps de la réflexion – son chant du cygne en quelque sorte, au sens primitif de l'expression, non pas avant de mourir, mais pour trouver la lumière face à ce péril imminent de déclenchement de guerre civile – afin d'éviter que sonne le glas en remplacement du chant du coq.

« You, you ! » s'écrit Strepsiade dans « Les Nuées » d'Aristophane, allongé sur sa paillasse où il ne peut dormir et pour ponctuer son entrée en scène (un peu comme Corine Masiéro dans les séries où elle se vautre lorsqu'elle arrive en criant « you, you » sur les lieux du crime. Aurait-elle plagié le poète ?).

« Ô Zeus-Roi ! ces nuits sont d'un long !…

In-ter-mi-nables !… Le jour ne se lèvera-t-il donc jamais ?

Il y a pourtant un bon moment que j'ai entendu le coq, moi… »

5 juillet - de l'élimination des résidus

Je ne sais pas si Ségolène Royal a pleinement conscience des énormités qu'elle assène.

Je lisais tout à l'heure dans je ne sais plus quels quotidiens, sans doute un grand nombre tant l'information est d'importance, qu'elle ne comprenait pas pourquoi, lors du tournoi de Roland-Garros ou d'autres, les femmes disputaient leurs matchs en trois sets contre cinq pour les hommes. Discrimination contraire au désir d'égalité, sans doute eût-elle aimé que les joueuses endurassent le même enfer. Elle souhaitait d'autre part voir la création d'équipes de football mixtes. Et je ne sais plus quoi encore débité avec ce sourire lénifiant qui m'horripile.

Depuis qu'elle s'est offert une – au moins – séance chirurgicale pour rajeunir (et si je le dis, c'est parce que ça se voit), elle n'a pas dû encore récupérer toute sa conscience. La fontaine de Jouvence via l'anesthésie n'est pas si anodine. Si les femmes, dans toutes les compétitions sportives, subissent des épreuves moins longues, ou moins intensives, c'est que physiologiquement, pourrions-nous lui préciser, il doit y avoir une raison, notamment celle qui veut, *nolens volens*, que la nature féminine est plus faible et fragile que la masculine, récupère plus difficilement. Est moins solide, en deux mots. En contrepartie, sa beauté est incomparablement supérieure. En général.

Quant aux équipes mixtes, il est à se demander si derrière cette proposition extravagante ne se tapit pas un souhait, un désir, un regret peut-être, qu'elle n'ose exprimer clairement. Ségolène Royal, est-elle une femme satisfaite dans ses rapports aux hommes ? Ou souhaite-t-elle de nouveaux et différents frissons ?

On ne le sait pas suffisamment, mais toute intervention chirurgicale comporte des risques et il n'est pas anodin de perdre conscience sous l'effet d'un anesthésiant. Il faut ensuite que le corps puisse éliminer les résidus chimiques ; autrefois, d'ailleurs, ces produits causaient des dégâts neurologiques irréversibles. La technique a vraisemblablement évolué. Il n'empêche, s'endormir ainsi nécessite une action sur le cerveau ainsi qu'une confiance totale envers la personne, ou l'équipe chirurgicale, à qui l'on confie sa vie.

Je ne comprends d'ailleurs pas sa démarche et celle des femmes (ou des hommes) en général qui, pour deux ou trois ridules, et en dehors de toute nécessité anatomique due à une maladie, un accident, une malformation congénitale, n'hésitent pas à s'offrir pieds et poings liés en cobaye pour une déformation programmée.

Ce sur quoi je m'interroge un peu plus, c'est sur cette antinomie dans la démarche d'une femme politique qui clame partout sa crainte des effets secondaires de produits de synthèse dans l'agriculture et ailleurs, face à ce besoin de se faire charcuter en ingurgitant des saloperies pour ressembler à ces nouvelles momies qui déferlent, identiques, sur nos sociétés.

6 juillet - du rêve au cauchemar

Terminé de lire les Historiettes de Tallemant. Il y en a de savoureuses, mais d'autres d'un ennui à ne rien comprendre dû au décalage des époques. Également à l'étalement des généalogies qui sont parfois difficiles à démêler, autant parfois que celles des dieux grecs.

Celle de Madame de Langey est un assez bon exemple de l'ironie de ce siècle où sont contées les procédures de sa séparation d'avec son mari ; la chose dura près de deux ans. Monsieur de Langey, semble-t-il, n'ayant pas honoré, par impuissance, son rôle de mari, y étant « desmarié ». Tallemant note que les vendeurs de melons de Langey (variété de melon très appréciée à l'époque, disparue aujourd'hui) criaient sur le Pont-Neuf, un peu comme sur les réseaux sociaux d'aujourd'hui : « Voicy de vrays Langeys, ils n'ont point de graines. » Toutefois, après avoir été visités tous deux par une douzaine de personnes, Madame de Langey, regardée plus attentivement de tous les côtés, indigna les matrones qui ne la trouvèrent pas entière. « Plust à Dieu que j'eusse un mary fait comme cela ! » disaient les harengères. « On ne pourra pas dire que Langey, durant ces quatre ans, n'a pas fait œuvre de ses dix doits. » ajouta un conseiller. Ils furent malgré tout démariés, et chacun eut ensuite des enfants dont on douta que ce fut Langey qui les fît à sa jeune et nouvelle épouse.

Ou encore celle de Marigny-Malenoe, jaloux de sa femme, qui l'entraîne jusqu'en Italie et lui annonce qu'il va la faire mourir ; elle n'a qu'à choisir le moyen. Le poison, lui dit-elle, soumise. « Vous méritez de vivre puisque vous aviez le courage de mourir [...] vous ferez tout ce que vous voudrez de votre costé, et moy du mien » lui dit-il en la laissant libre. Ils partagèrent leurs biens. Elle les dilapida en jouant à Paris.

Le jeu ! Il y a longtemps, un collaborateur s'émerveillait face au jeu en ces termes (je crois qu'il avait dû faire croupier en casino au temps de ses études pour se les payer) : « c'est merveilleux, me disait-il, tu es pauvre le matin et si la chance te sourit, une autre vie t'est offerte le soir. En un instant, ton destin bascule. » C'est une certitude, mais bien mince tant la probabilité est faible. Et les gens dépensent des fortunes dans cet espoir. Je le note à chacun de mes passages au centre commercial où la caisse du Loto est toujours surchargée d'une clientèle aux mains pleines de tickets à vérifier. Il n'y a guère que l'État qui gagne à ce jeu-là ; temporairement, puisqu'il est question de céder le monopole à une société privée qui saura faire fructifier la manne.

Sans doute, cet ami faisait-il allusion à la loterie nationale, devenue Loto, inventée par Casanova lors de son séjour à Paris après son évasion de la prison des Plombs. Il s'agissait de construire l'École Militaire. Il le relate dans ses mémoires, dont il faudra que je termine la lecture.

L'histoire se répète, ou bien délibérément copiée, dans cette autre pompe à fric instaurée pour sauver les monuments historiques, avec la complicité de Stéphane Bern y mettant toute la componction nécessaire dont il est seul capable pour mieux draguer les donateurs benoîts.

Si l'on veut jouer, il suffit d'une grille. En multiplier le nombre n'augmente pratiquement pas la chance infime de gagner, mais celle de la ruine à coup sûr si l'on persiste dans l'insignifiance. Rêver est nécessaire et le jeu permet cette échappatoire au quotidien, mais il s'agit de rêver avec raison. Ce qui est parfaitement antinomique.

***

Il y a, le six de chaque mois, sur le rebord des fenêtres de la maison, quelques bougies qui scintillent dans la nuit. Ce rêve-là est un cauchemar.

7 juillet - de l'homosexualité

IKEA, en Pologne, vient de licencier un employé qui dénonçait la trop grande promiscuité et indulgence de la chaîne d'ameublement envers les communautés LGBT. L'individu aurait brandi la Bible en lisant quelques passages significatifs où Dieu promettait la mort des homosexuels et notamment ceux qui vendent des cuisines en kit à la cadence des dealers de shit.

J'ignore si Dieu promit un tel châtiment. Les meubles en kit d'alors ne ressemblaient en rien, sous les tentes des Bédouins, à ceux d'aujourd'hui. Dieu avait déjà fait le coup à Abraham qui, sans se révolter, bonne poire, allait poignarder son fils Isaac lorsque au dernier moment la voix divine l'en empêcha. Voix divine qui resta muette plus tard pour son propre fils, laissant cette fois-ci la main du bourreau accomplir la crucifixion. Avait-il pris goût à la blague, devenait-il sénile ou regrettait-il son acte manqué ? Jésus s'en est d'ailleurs plaint demandant pourquoi son père l'avait ainsi abandonné.

Les évêques, jamais en reste pour se faire remarquer, utilisant n'importe quel prétexte, y compris user par-derrière, et pour leur propre compte, avec des enfants de chœur ce qu'ils dénoncent par-devant, approuvent et défendent le prédicateur purificateur Ikéen. Ils l'ont félicité pour son exemplarité, sa radicalité et son bon sens.

La question qui vaille désormais est de savoir si Jésus était homosexuel. La thèse eut cours un moment, reprise en début d'année par une sorte de saltimbanque sans talent, mais avec une guitare, beuglant, si l'on peut dire pour un criquet à la voix de fausset, que Jésus était pédé. Car, vivant avec ses apôtres un peu à la mode IKEA, c'est-à-dire en vase clos dans un univers rikiki où cuisine et chambre s'emboîtent et jouxtent le salon, il n'est pas anormal de penser que l'un d'entre eux eut pu ressentir une certaine attirance pour le fils de l'Homme, et vice-versa, malgré l'insistante présence de Marie-Madeleine dont on a dit qu'elle eut un enfant avec lui.

La question est d'importance, car alors Judas n'est plus ce traître infâme, mais l'allié objectif des évêques polonais prêts à tout pour éradiquer le mal.

Ce texte un peu surréaliste me fait songer à une discussion que nous eûmes, des camarades et moi-même aux alentours de nos vingt ans.

Après avoir écouté une conférence qu'avait donnée Pierre Seghers, poète et éditeur, nous nous retrouvâmes un petit groupe réuni avec son secrétaire, Jean Gouézec, dans un café à bavarder autour d'un pot. Nous ignorions l'homosexualité de Seghers ainsi que de son assistant. Celui-ci fit en sorte que la question se posât. Je fus le seul, malgré l'hétérosexualité revendiquée du groupe, à déclarer que chacun était libre d'aimer comme bon lui semblait. Ce n'était pas courant à l'époque tant le rejet de ceux qu'on appelait des déviants était grand. Pas jusqu'à vouloir les castrer ou les éviscérer comme on fit pour Hugues le Despenser, mignon d'Édouard II, souverain d'Angleterre, bien que certains, comme notre employé Ikéen cité supra et ses supporteurs, se porteraient volontiers volontaires pour ce faire. Nous n'étions plus en 1326, mais dans les années soixante d'un siècle toujours intolérant à la diversité, l'homosexualité n'étant réellement dépénalisée qu'en 1982 bien que la révolution l'eût déjà acceptée.

Sans doute, Jean Gouézec m'en fut-il reconnaissant et de ce jour naquit une amitié qui devait, à mon désespoir, se muer en amour de sa part. Les lettres que nous échangeâmes ensuite ne laissèrent planer aucun doute quant à ses sentiments à mon égard. Lettres dans l'une desquelles, d'ailleurs, fut évoquée déjà l'homosexualité de Jésus. Moi qui, en cette époque lointaine, étais follement amoureux d'une New-Yorkaise qui me fit souffrir tout autant qu'il dut souffrir. L'injustice est grande en matière amoureuse. Il n'est pas rare de pleurer jusqu'à ce que, parfois, mort s'ensuive, surtout à vingt ans.

10 juillet - de la sieste

Qu'en est-il exactement de ce médecin en garde à vue après une plainte déposée par la Caisse primaire d'assurance maladie du Loiret pour fausse déclaration ? Cent vingt patients par jour en consultation, c'est en effet beaucoup. Environ six minutes par patient, c'est rapide. Si ce médecin affectait à chaque examen le temps moyen constaté, soit dix-huit minutes tout compris (bonjour, auscultation, prescription, paiement, au revoir), il lui faudrait faire des journées de trente heures. Mathématiquement et terrestrement impossible. Déjà, à six minutes chrono par individu, cela représente douze heures de travail. Ce qui n'est pas insurmontable et le lot quotidien de beaucoup de médecins que je connais pour un nombre de patients trois fois moindre.

Pour sa défense, ce médecin du Loiret argue du désert médical dans lequel il exerce, sans rendez-vous, et assure qu'il traite tous ceux qui viennent le voir.

Il y avait en effet tous les ingrédients pour surprendre et interpeller les fonctionnaires de la caisse. Ils ne peuvent imaginer pareille débauche d'énergie.

Mais avant de porter plainte, il eut été plus sage d'envisager une autre solution ; celle, par exemple, qui aurait consisté à suivre plusieurs jours ce médecin dans ses déplacements quotidiens.

Oui, mais voilà, qui aurait eu assez de courage, au sein de la caisse, pour remplacer la sieste quotidienne par un suivi scrupuleux ?

***

Je n'aime pas François de Rugy. Son sourire mielleux n'est que de façade et je le crois incompétent.

Je suis donc parfaitement libre de le défendre face aux abrutis qui l'accusent d'avoir organisé des repas somptueux du temps où il présidait la chambre. Abreuvant, de plus, ses invités de crus – selon Médiapart – à plus de cinq cents euros la bouteille. Voudrait-on que ces vins se bouchonnassent en les laissant moisir dans les caves du Palais Bourbon ? Puisqu'ils sont encavés, autant les boire, d'une part. D'autre part, choyer ses convives participe du simple savoir-vivre, et au niveau de l'État du respect des invités et de la démonstration d'un savoir-faire séculaire.

Comment peuvent-ils y comprendre quoi que ce soit ces pseudo-journalistes qui surfent sur le misérabilisme ? Nous vivons une époque où n'est souhaitée qu'une chose : le nivellement.

11 juillet - d'une amère victoire

Vincent Lambert est mort. Et j'imagine la douleur de sa mère. Mais je sais aussi ce que peut être le soulagement de ses proches. Il ne s'agit pas d'un lâche soulagement, mais celui de le savoir enfin libre de ce carcan dans lequel, prisonnier, son corps se débattait. Je n'ajouterai pas l'esprit, car depuis longtemps toute raison s'était échappée de cet être égaré parmi les siens.

Et je pense à Guillaume. Qu'en eût-il été si, au lieu de mourir, lui et ses camarades avaient vécu le même enfer ?

Le souvenir que nous en avons est celui d'un être dans toute sa beauté. Je n'aurais pas accepté que subsistât cette image dégradée anéantissant la mémoire.

La tâche du médecin n'est pas aisée et je me demande si parfois, il ne serait pas préférable qu'il ne fît rien pour sauver un accidenté plutôt que tout tenter pour obtenir cette amère victoire.

12 juillet - d'une attitude de pleutre

Julien Courbet est-il respectable ? C'est non seulement un imbécile, mais de plus un illettré à l'orthographe approximative dans son tweet de deux phrases et trois fautes. Prétextant défendre la cause animale, suite aux photos d'un couple posant devant les fauves abattus au cours d'un safari, il demanda à ses auditeurs de courir prendre en photo le mari et l'épouse dans le supermarché qu'ils dirigent. Mais quoi ? Sous-entend-il vouloir figer l'homme et la femme dans la pose des fauves, c'est-à-dire morts ? Mais quoi ? Les photographes, sont-ils les vengeurs de lions, d'hippopotames et de gazelles qui n'intéressent personne la plupart du temps ? Mais quoi ? Que signifie cette injonction d'aller chez eux leur rendre pareille célébrité ? Il agit comme un pleutre, incitant les autres à effectuer ce qu'il pourrait parfaitement et stupidement faire lui-même.

Cette époque délétère que nous traversons à coups de tweets et de posts fait plus de cas des animaux que des hommes. Tuer un être humain, le laisser périr comme un vulgaire migrant ou le désigner à la vindicte populaire, devient banal alors qu'un chasseur, dont le sport est parfaitement légal, est considéré comme un criminel à mettre au ban de la société. Il faut se méfier de ces gens qui préfèrent l'animal à l'humain.

***

François de Rugy a-t-il lu « Utopia » ? Il saurait alors que dans la contrée imaginaire et parfaite, selon Thomas More, l'or et l'argent y sont tellement décriés, considérés comme vulgaires, que nul habitant de cette île n'en détient une once ni ne les utilise en pendentif ou prothèse dentaire. Hormis les prisonniers, criminels en tout genre, dont les fers sont des chaînes en or, et ceux qui pissent la nuit dans des pots de chambre en or 18 carats, montrant ainsi le peu de cas que l'on fait de ce métal. Chez François de Rugy, ce sont les sèche-cheveux qui sont dorés à l'or fin. Ce qui démontre de façon évidente le goût prononcé pour le tape à l'œil de basse extraction et prouve ce que je subodorais derrière le sourire figé et de façade du ministre, la prétention vulgaire.

L'autre jour, plaidant dans le procès que lui font les procureurs de Médiapart de dîners somptueux offerts à n'importe qui lors de son séjour hôtel de Lassay, je tentais de le défendre contre ces attaques injustes pour plusieurs raisons. Tout d'abord n'aimant pas plus le personnage que les folliculaires qui l'agressent en n'ayant d'autres choix que l'interminable feuilleton et non la qualité de l'information pour gagner des abonnés, il m'est aisé de prendre fait et cause pour la gastronomie sans que l'on m'accuse de mauvais goût. La seconde raison, étant la présence dans les caves de la demeure des vins incriminés, il fallait bien les boire avant qu'ils se mutassent en vinaigre. Enfin, organiser des dîners s'effectue chez tout le monde, de l'ouvrier au président, du barbecue au festin, et il n'y a que les imbéciles pour regretter ensuite d'y avoir participé, comme ce journaliste à l'accent béarnais qui tremble dans son caleçon d'être accusé de concussion. C'est avant qu'il eût fallu réfléchir, si tant faire se pouvait.

Défendre donc François de Rugy pour ses repas participe de la sauvegarde du patrimoine, de la mise en valeur du savoir faire français, de la pérennité de la culture gastronomique et de la lutte contre l'hégémonie des différents guides et particulièrement du Michelin (mais qui se soucie encore de Bibendum et de sa cure d'amaigrissement ?) qui se permet de noter sans leur autorisation les petits comme les plus grands chefs, dont Marc Veyrat qui fulmine. Et de supprimer des étoiles, surtout à ceux qui en possèdent trois.

Mais sa défense s'arrête là. J'ai l'impression que le ministre traîne pas mal de casseroles, la dernière étant à mes yeux rédhibitoire, celle qui consiste à limoger une collaboratrice pour sa propre défense. Impardonnable et pitoyable, digne d'un pleutre.

15 juillet - de l'insulte homéopathique

Les gilets jaunes font encore parler d'eux en sifflant Macron lors du défilé du 14 juillet. Ne savent pas ce qu'est le respect. Ne sont donc pas respectables non plus. On se demande d'ailleurs ce qu'ils réclament, à part la démission du président démocratiquement élu. Ces révoltés font pâle figure auprès de ceux qui jalonnèrent l'évolution du monde.

Les insultes ont toujours existé, et je lisais tout à l'heure, dans l'histoire de la philosophie de la Renaissance, que Münzer, réformateur allemand, après s'être fait traiter de « charognard » par le comte de Mansfeld – qu'il qualifiera ultérieurement de « sac à asticots » – qui le dénonce comme agitateur auprès de l'électeur de Saxe, traite à son tour Luther de « gros lard » pour avoir conseillé une enquête à son encontre. Ces insultes se termineront dans une répression sanglante de la révolte des paysans et la condamnation à mort de Münzer. Face à cette révolte d'ailleurs, Luther réagit avec autant de violence qu'un philosophe entartré. Ainsi, à quatre siècles et demi de distance, le déchaînement de propos violents et de menaces émis par B.H. Lévy envers celui qui venait de lui écraser en direct une tarte crémeuse sur le visage dépassa ce qu'on pouvait attendre d'un collègue à Socrate. La haine qu'il affichait en surprit plus d'un. Pierre Desproges, ce fin limier de l'humour, ne se priva pas alors de moquer subtilement l'intellectuel sorti de ses gonds et de ses livres. On a beau être penseur, ou se revendiquer tel, il n'en reste pas moins que nos réactions demeurent banalement humaines.

***

Depuis quelques jours et la prise de Morphine, la fatigue se fait plus intense. En revanche, la douleur est pratiquement inexistante concernant la hernie discale. À chaque chose, le bien côtoie le mal.

Je doute de l'utilité de l'homéopathie. Ce qui est un euphémisme. Même en tant que placebo, à moins que la prescription ne soit faite pour se débarrasser d'un malade imaginaire. Dans tous les cas il n'y a pas lieu qu'elle soit remboursée. L'économie sera de peu d'importance eu égard aux dépenses allopathiques, mais légitimes. Nous vivons dans une société d'assistanat qui n'est plus en rapport avec ce qu'elle pouvait être lorsque le monde du travail était à même de couvrir les dépenses, même inutiles. Aujourd'hui, et afin que tous bénéficient des avantages de soins gratuits, il faut supprimer ce qui ne sert à rien. De toute façon, jamais ne seront convaincus de leur inefficacité les adeptes des pseudo-thérapies, mais ce n'est pas à la collectivité d'en subir le poids financier. Pas plus qu'au corps médical de colporter et répandre l'escroquerie. Car, de quelle manière peut bien agir une molécule si infiniment diluée qu'elle n'est plus dosable, pas même détectable, pour enrayer quoi que ce soit de délétère dans le corps humain ? Aucune étude n'a jamais pu prouver son efficacité. Je mets au défi de calmer la douleur d'une cruralgie, induite par la compression du disque intervertébral migré sur le nerf, avec l'apparence d'une tisane.

16 juillet - de la déception

Quelle déception ! Depuis l'école primaire je croyais, pour l'avoir appris alors, que Gutenberg avait inventé l'imprimerie. Mais il est vrai qu'aucun document ne justifiait cette affirmation ; l'allemand n'avait jamais laissé traîné, ne fût-ce qu'une ébauche de croquis parvenir jusqu'à nous prouver que sa Bible était bien la gagnante du concours. Et j'apprends aujourd'hui que l'invention serait antérieure d'une centaine d'années à celle revendiquée par notre Européen. Coréenne, adaptée d'une autre technologie chinoise dont il n'existe aucune trace, elle-même plus âgée d'un siècle, elle aurait permis l'impression des préceptes bouddhiques, les Jikji, par des idéogrammes mobiles fabriqués en métal et rangés dans un tiroir à casse.

La Bible, battue sur le fil par les bouddhistes, n'est donc pas le premier ouvrage imprimé, mais le second, et puisque cent ans au moins la séparent du vainqueur, on peut s'interroger sur son classement. Combien d'autres œuvres, avant elle, ont bénéficié de la diffusion permise par la mécanisation de l'édition ? À jamais perdus, nous ne lirons pas ces textes que le pilon des âges aura détruits avec la même indifférence que le pratique un éditeur envahi d'invendus.

Et pourtant, à l'inverse, combien de fragiles et uniques tablettes ont pu parvenir jusqu'à nous sans être détruites.

17 juillet - de l'humilité

Lorsque mes petits enfants liront ces lignes, s'ils les lisent un jour, sans doute souriront-ils, eux qui manipulent sans coup férir ces matériels informatiques qui enchaînent notre temps à vouloir les dompter.

Quel temps perdu, en effet, à réparer les erreurs, ou pire, à les commettre sottement en perdant patience face au dédale de leurs programmes dans lequel, tel Minotaure rugissant dans le labyrinthe, nous nous perdons sans espoir de solution.

Passé l'après-midi à vouloir programmer un boîtier permettant à mon iPad de se connecter en wifi sur un disque dur de sauvegarde. Impossible de copier les photos de l'un dans l'autre. Au lieu de clignoter bleu, l'appareil clignotait vert, ce qui signifiait selon le manuel une connexion en mode routeur et non en NAS (Network Attached Storage, ou serveur de stockage en réseau). Il fallait déjà connaître le jargon, chose qui n'est pas aisée, et la signification de ces acronymes rebutants.

J'y suis enfin parvenu de manière peu orthodoxe certainement, mais peu importe, et après avoir réinitialisé l'engin. Solution offerte ici, mais malheureusement absente lors de ces événements critiques où l'on ne peut revenir en arrière.

Les parents de ces enfants tués ces jours derniers dans le choc de la voiture qui les transportait, percutée par le train qui survenait, auraient tout donné pour qu'existât un bouton sur lequel appuyer et stopper ce temps d'infortune. Il m'arrive souvent de songer à Guillaume et d'imaginer ce processus salvateur.

Notre pouvoir sur les choses est si grand désormais que nous avons perdu toute humilité. Nous ne sommes maîtres que de notre suffisance.

18 juillet - de tout et de rien

Le Monde, version internet, est un journal que je ne lis pratiquement plus. Je ne sais si les actionnaires influencent les rédacteurs, mais ces derniers me paraissent quitter la neutralité pour arborer une partialité qui, même lorsqu'elle conforte mes idées, m'exaspère. Un journaliste se devrait d'être impartial et non jouer le rôle d'un révérend prosélyte sermonnant ses ouailles. Dire les faits, rien que les faits. Au lecteur ensuite de se faire une opinion. Albert Londres, en ce sens, détenait la vérité.

***

Dans l'affaire François de Rugy, les titres omettent la particule pour n'imprimer que, par exemple : « Affaire Rugy : les parlementaires de tout bord agacés par les révélations de « Médiapart ». » La politesse, ce qui est la moindre des choses, serait de ne pas estropier le nom de la personne, quand bien même celle-ci déplairait. J'avais noté l'identique sottise à propos de François Hollande que l'on affublait d'un H muet (Le quinquennat d'Hollande est une élision incorrecte). Mesquinerie vengeresse indigne et dérisoire d'un esprit sans imagination

Quelques heures plus tard : *Mea culpa, mea maxima culpa !* Après recherche, la langue française étant d'une richesse insoupçonnée nous permet de découvrir chaque jour de nouvelle pépite ; en ce qui concerne la particule nobiliaire – cas de François de Rugy – elle disparaît lorsque le prénom n'apparaît pas, et revient s'il est présent ; il faut donc écrire « l'affaire Rugy » ainsi que lemonde.fr le fait très correctement, ou « l'affaire François de Rugy ». Je vous fais grâce du reste. J'ajouterai qu'on n'aura jamais tant parlé de cet homme depuis qu'il fait de la politique.

***

Amazon ! Ce géant du commerce, dont le créateur, après avoir fait faillite, est devenu l'une des plus grandes fortunes mondiales, est la bête noire des boutiquiers. Digne héritier de Boucicaut, Jeff Bezos devrait inspirer un Zola moderne. Mais revenons à l'enseigne, sorte de Manufrance à l'échelle mondiale, et plus petit pourtant que le rival asiatique Alibaba, comme autrefois ces catalogues que l'on feuilletait avec un plaisir non dissimulé, on navigue sur les pages de l'enseigne. On y trouve tout d'ailleurs, sauf les fusils de chasse que vendait autrefois le manufacturier de St Étienne. L'autre jour je cherchais dans les magasins alentour un tuyau de qualité alimentaire d'un diamètre de 6 mm. Nul n'en avait. Amazon, oui, à un prix dérisoire. Accéder au site pour acheter est tentant car la recherche y est aisée, les prix attractifs, le choix infini avec photos descriptives. Ingrédients nécessaires à la réussite qui font la différence avec ses concurrents. Tout comme Manufrance ou d'autres enseignes, Amazon disparaîtra un jour, remplacé par une nouvelle mode ; ainsi va le commerce et les affaires du monde. En attendant, rien ni personne n'arrêtera son actuelle expansion et, plutôt que critiquer et le vouer aux gémonies, il serait plus constructif et intelligent de composer avec. Y compris les éditeurs.

Cela me rappelle un épisode de mon enfance, lorsque mon père, jamais à court d'idées et à la recherche de leur exploitation, m'entraînait avec quelques-uns de ses amis, chaque dimanche du milieu des années cinquante, dans les villes alentour afin de prospecter une éventuelle clientèle à qui vendre les objets qui s'offraient en page des catalogues que nous distribuions et qu'il avait fait imprimer par un imprimeur de ses amis. J'avais entre dix et treize ans et nous battions la campagne avec entrain. Sans devenir le Jeff Bezos français il eût pu faire fortune s'il avait su gérer ses affaires avec la même réussite que son imagination les lui faisait éclore. Par la suite j'ai regretté de n'avoir pas su devenir l'aide dont il aurait eu besoin. J'en reparlerai peut-être un jour.

***

J'ai un voisin écologiste. Il écrit des livres sur les oiseaux et les insectes. Nous nous saluons lorsque nous nous croisons, rarement. Il écrivait également sur un blog. J'aimais le parcourir. Quand bien même suis-je en désaccord avec ses idées, elles y étaient intelligemment et fort correctement décrites, bien qu'il m'arrivât de sourire parfois de ses constatations, comme lorsqu'il s'étonna de trouver une exuvie de cigale rouge dans son jardin. Plus jeune que moi il ne peut savoir qu'il y a une soixantaine d'années je les entendais striduler à cymbales déployées dès qu'il faisait très chaud dans la cour de la maison de ma grand-mère, à trois kilomètres d'où nous habitons actuellement, lui et moi, lorsque j'y passais des vacances. Quant aux dépouilles des hémiptères, il n'y a pas si longtemps, à l'époque où je semais des légumes, j'en trouvais en bêchant la terre, et entendais, en arrosant le potager quelques semaines plus tard, chanter les mâles qui en étaient issus et appelaient les femelles pour se reproduire. Elle, qui a l'ouïe plus fine que la mienne qui décroît lamentablement, les entend chaque année à peu près à la même saison, c'est-à-dire en ce moment.

Mon voisin ferma son blog dernièrement au prétexte que son vieux Mac ne peut plus être mis à jour et conséquemment ne supporte plus Wordpress qui ne peut, lui non plus, être actualisé. Il s'insurge contre cette mode de rendre obsolète volontairement les logiciels afin d'obliger à changer de machine.

Je ne l'ai pas rencontré depuis qu'il écrivit cette balourdise. Car enfin, avec cette façon de penser, nul progrès n'aurait jamais lieu et nous voyagerions encore, par exemple et malgré qu'il en ait de cette prolifération anthropique de CO2 qu'il accuse de changer le climat, avec de vieilles locomotives à vapeur produite par la combustion du charbon si elles n'avaient disparu au profit des moteurs diesels puis ceux électriques des trains rapides. Or je ne pense pas que les ingénieurs aient programmé l'obsolescence des locomotives à vapeur, pas plus que Dieu – s'il existe – celle de l'Homme qui en serait encore au stade simiesque s'il n'avait évolué. Tout vieillit sur terre permettant les améliorations nécessaires à la vie. Et il est bien normal que son vieux Mac finisse à la poubelle tout comme furent réformées les vieilles locomotives.

Cela me fait penser que le mien, de Mac, qui aura bientôt douze ans finira de même manière.

19 juillet - de la justice bornée

Passage éclair d'Olivier avec sa nouvelle compagne. Elle paraît charmante, en tout cas très souriante. Ils se sont arrêtés à mi-chemin des Landes où ils vont rejoindre les enfants en vacances. Comme le furet de la chanson, ils repasseront par là la semaine prochaine et resteront plus longtemps. Nous pourrons peut-être discuter plus longuement que cette journée où nous l'avons, sa mère et moi, à peine entrevu. Dîner ce soir avec la famille, alors qu'à midi ils sont allés chez un couple d'amis.

Il a quand même trouvé le temps de me laisser mon bouquin à dédicacer. Il n'est pas facile de trouver les mots pour un père. J'espère qu'il appréciera quand même mes textes.

***

J'évoquais l'autre jour les soucis d'un coq chantant dans l'Île d'Oléron. Eh, bien, si, il s'est trouvé un juge assez borné pour appliquer la loi. J'apprends qu'un second gallinacé, chanteur de l'Oise, vient d'être condamné en la personne de son propriétaire à 500,00 € d'amende pour tapage nocturne. Je ne vois pas d'autre terme puisqu'il vocalisait à partir de 4 heures du matin, empêchant une hôtesse de l'air, qui a déposé plainte, de se reposer après la fatigue de ses vols. À propos, un coq, mon voisin l'écologiste en a un, depuis longtemps d'ailleurs, qui chante allègrement tout au long de la journée. Un peu plus loin un âne brait, un paon braille, des chiens aboient, parfois des vaches meuglent, des tracteurs ronflent et l'angélus – tradition née en Saintonge – carillonne chaque jour, midi et soir. Bref nous sommes en pleine nature et aucun de ces bruits ne me dérange. Je comprends bien qu'une personne fatiguée par son travail recherche un endroit calme pour récupérer ; mais ce n'est pas à la campagne qu'elle le trouvera, pas plus que le long du périphérique. Mais j'y pense, lorsqu'un voyage en avion a lieu de nuit, les hôtesses d'Air France distribuent des boules Quies, avec un masque pour les yeux. La plaignante aurait peut-être pu pour elle-même y songer avant d'enclencher ce charivari. Je me demande s'il ne s'agit pas là d'une faute professionnelle de sa part.

21 juillet - de la normalité

J'éprouve toujours une certaine gêne face à ceux qui au nom de la morale s'érigent en censeur. Au prétexte que ses livres traitaient de l'homosexualité comme d'une maladie, et après action intensive auprès d'Amazon, un militant LGBT est parvenu à faire retirer de son catalogue les livres de Joseph Nicolosi, psychologue mort en 2017 qui considérait la pratique guérissable. Ça n'a pas manqué : à l'inverse, des républicains américains s'activent désormais pour faire réintégrer les ouvrages au catalogue, non par souci d'information ou de liberté éditoriale, mais bien parce qu'ils considèrent, eux aussi, l'amour entre personnes du même sexe comme contraire à la nature, par conséquent à la morale, et que ces livres seraient un excellent moyen pour rééduquer ces êtres anormaux. Comme si la nature, tout d'abord, se souciait d'une quelconque moralité ou d'une normalité. Comme si, ensuite, il appartenait à quiconque d'imposer sa vision du monde.

Au même titre que d'autres ouvrages tout autant, voire plus, sulfureux, les conseils de Nicolosi sont à laisser en rayon. L'esprit critique seul de chacun devrait dominer. Et ce n'est pas en interdisant un bouquin que les idées qu'il développe, si elles déplaisent à certains, seront effacées à jamais de la mémoire. Bien au contraire. Les enfants connaissent bien ce phénomène, même s'ils n'en ont pas conscience, de l'interdit qui attire tant et si bien que les cadenas sautent pour aller y voir de plus près.

23 juillet - de l'effet du soleil

Il y avait ce matin sur le chemin blanc qui mène au ruisseau un lièvre qui dormait et deux poules d'eau qui couraient. Le lièvre détala à notre approche. Le chien gambadait et j'ignore s'il les vit.

Heureux de vivre sous le soleil qui montait à l'horizon après une nuit d'incertitude. Car c'est toujours la nuit que le renard vient plonger dans le pelage ou le plumage ses crocs affamés.

Ce n'est pas encore la canicule. Un été normal me semble-t-il ; chaud le jour et frais la nuit. Nous verrons demain ce qu'il en sera. Les cigales chantent et je viens de lire qu'un couple de vacanciers, en Dordogne, fatigué de les entendre aurait demandé à une entreprise de désinsectisation de les faire disparaître. Je ne sais si l'information est réelle tant elle paraît délirante.

Le soleil, en effet, sur l'homme a des effets surprenants.

25 juillet - de la propagande

Les records étant faits pour être battus, je m'étonne de cette débauche de titres alarmistes, cataclysmiques, annonçant des températures relativement hautes, voire caniculaires, relevées ici ou là. Nous sommes en été, que diable, et il est bien normal que le soleil prouve sa vigueur malgré son âge. S'il n'est guère facile de garder la tête froide en cette période, il serait nécessaire de ne pas se laisser dominer par des peurs infondées. D'autant que demain les températures baissent.

La climatologie est, paraît-il, une science. Science du passé, nul doute ; l'étude des carottes glaciaires, des anneaux des arbres, des sédiments, etc., permet de dire avec une presque certitude ce qu'était le climat d'une époque même lointaine. En revanche, science prédictive, je demeure sceptique. Aucune étude ne montre quoi que ce soit. Les seuls documents sur lesquels se fondent les tenants d'un réchauffement climatique anthropique sont les simulations effectuées par le GIEC, simulations que dictent diverses pétitions de principe. À partir d'une éventuelle température, on en déduit d'hypothétiques changements. Et afin que nul n'en ignore, à chaque événement climatique dérogeant d'un iota à la platitude coutumière attendue, une propagande invraisemblable se déchaîne pour culpabiliser et rendre responsable l'Homme, tant par sa présence sur terre, que par ses activités.

Tout se passe comme si une religion nouvelle émergeait pour sauver le monde. Avec sa multitude d'apôtres doctrinaires et intolérants. Cela me rappelle un des propos d'Alain, Croyance, dont la première phrase est ainsi rédigée : « Un poisson théologien prouverait que l'univers est liquide ; »

On ne peut mieux dire.

27 juillet - de la maison

Les enfants nous arrivent aujourd'hui pour quelques jours. La maison va revivre avec ses joies, ses cris, ses rires, ses pleurs ; un toit sous lequel ne se passe jamais rien ressemble au couvercle d'un cercueil.

30 juillet - de la confiance

Hier les journaux titraient l'horreur absolue : la planète a consommé toutes les ressources renouvelables de l'année. Une cohorte de crédules le croit. C'est consternant. Il faudra sans doute attendre cinq mois pour consommer à nouveau, et dans ce laps de temps se nourrir d'amour et d'eau fraîche. Heureusement la saison des pluies arrive, car même l'eau fraîche, à les entendre, manquera bientôt.

Prédiction apocalyptique, ce phénomène crée un embarras supplémentaire. Comme s'il n'y avait pas suffisamment de causes à vraiment souffrir, la crainte de voir la terre s'effondrer sous nos pas suscite des pathologies diverses regroupées sous le néologisme occasionnel de solastalgie (même mon correcteur orthographique, algorithme facétieux, le réprouve) qui voudrait signifier une espèce d'anxiété écologique, de dépression.

Verrons-nous, comme dans des temps plus anciens, des épidémies de suicide par peur de l'avenir ? Déjà une jeune autiste suédoise, idole d'une jeunesse incompétente, Greta Thunberg, colporte les idées de ses géniteurs, et affirme qu'elle fut effrayée et déprima en prenant conscience de l'état de la planète.

J'ai envie de lui dire que la planète se porte bien et que, de toute façon, la nature est toujours la gagnante, mais elle ne croira rien de mes paroles optimistes, engluée qu'elle est dans son cauchemar. La jeunesse se devrait d'avoir confiance en demain. À propager toutes sortes de peurs, les tenants d'une philosophie de la décroissance auront réussi à briser les rêves du devenir.

Car la jeunesse est le grain semé. Or cette jeunesse sombre actuellement dans la mélancolie, cette berceuse noire balayant de son chant lugubre toute velléité d'espoir, pourrissant les germes. À vouloir sauver le monde les inconscients le minent.

> « Il a fallu que tu cotises à la mélancolie l'érosion
>
> stratifiée cette fuite au bout du compte
>
> soustrait l'horizon
>
> sans un mot »

Écrivais-je jadis dans « Métamorphose de la rupture ».

14

Août 2019

4 août - du charlatanisme

Nuit du 4 au 5 août. Dans le ciel que je contemple, une étoile filante fuse saluant mon exode microcosmique nocturne et temporaire. Douleur dans les jambes suite au délabrement de la colonne vertébrale, niveau lombaire. Il est intéressant de constater, à ce sujet, combien la crédulité est grande au sein de la population. De quelque côté me tourné-je, je m'entends proposer, voire intimer, la consultation d'ostéopathe ou de chiropracteur. Les tenants du charlatanisme sont des champions de la réclame que j'appellerai volontiers du racolage. À moins que ce ne soit la propension des humains à l'irrationnel.

Ces deux prétendues techniques ont été inventées par des estampeurs américains au dix-neuvième siècle. L'un, A. T. Still, médecin autodidacte itinérant du Texas, trouva bon de manipuler le squelette pour soigner la dysenterie, l'autre, D. D. Palmer, accusé et emprisonné pour exercice illégal de la médecine, fit soi-disant recouvrer l'audition à un sourd, affirmant avoir reçu la technique du monde de l'au-delà.

Forts des prétendus succès de leurs manipulations ils érigèrent leurs méthodes en systèmes qui firent florès. Et c'est pourquoi l'on trouve une multitude d'individus en blouse de diverses couleurs proposant leurs services à encore plus de gogos tout aussi divers prêts à les rétribuer de manière variable.

Et l'on voudrait que j'allasse déposer dans la tirelire de l'un des évoqués supra l'obole conséquente de ma soumission à la prestidigitation, selon l'appréciation toute personnelle qu'a le pseudo-soignant de sa valeur ? Que nenni ! Je préfère encore faire confiance à la véritable médecine, celle qui a fait ses preuves, malgré qu'on en ait, pour la modique somme actuelle de vingt-cinq euros ou un peu plus s'il s'agit d'un spécialiste, honoraires qui me seront en grande partie remboursés d'ailleurs, science en qui ma confiance est totale, tout simplement parce qu'elle repose sur l'étude, l'essai clinique, l'esprit scientifique et tout ce qui fait la différence entre l'escroquerie et le véritable soin.

Il est symptomatique de constater qu'en matière dentaire, par exemple, il ne viendrait nullement à l'esprit de quiconque de courir à la recherche d'un arracheur de dents pour soigner une carie. Il y a là toute la nuance entre l'invisible et le palpable. Les douleurs internes relèvent de l'indicibilité en raison de la méconnaissance, celles dicibles parce qu'on les voit, telles plaies et bosses.

6 août - de la honte

Le fascisme a toujours fait peu de cas des sentiments, de la morale ou plus simplement de la vie en général, surtout lorsqu'il s'agit d'éradiquer ses opposants ou de plaire à la populace. L'Italie, cet état de l'Union en se prostituant avec Mussolini qui développa cette idéologie politique – dont on pense que la Révolution française en posa les prémisses lors de sa période de jacobinisme intolérant – fut avec Hitler la complice d'une des plus grandes tueries que les hommes aient connues, l'Italie donc se reconnaît aujourd'hui dans ce nouvel assassin : Mattéo Salvini au discours proche des dictateurs d'hier. Et cet individu, qu'on devrait juger pour non-assistance à personnes en danger puis emprisonner à vie, remercia la Vierge d'avoir obtenu gain de cause auprès de sénateurs qui, tels les ovins de Panurge, votèrent hier des mesures replongeant leur région dans son errance du siècle passé.

Assassin, oui, car, agir en sorte que des hommes, des femmes, des enfants ne soient pas, de leurs barques à la dérive, rapatrier sur le sol italien au prétexte qu'ils l'envahissent, c'est les condamner à une mort certaine. Tout faire pour entraver, enrayer la solidarité de la mer est un crime que seul un tortionnaire peut imaginer. Manœuvrer par bassesse électoraliste pour que ceux qui oseraient porter secours aux migrants soient condamnés à de lourdes peines, est une insulte au seul nom d'homme.

Salvini est donc une inhumaine crapule.

Ainsi débutent les dictatures, que les foules applaudissent, par le rejet et l'assassinat des minorités. Car, comme le disait Pindare, le grand nombre des hommes a le cœur aveugle.

Il ne faudrait pas que la France s'engageât sur ce chemin de honte.

10 août - de la culpabilité

Il devient difficile de s'exprimer librement sans qu'aussitôt une meute se lance dans l'invective à votre égard si vous n'avez pas l'heur de lui complaire.

L'information circule aujourd'hui à la vitesse de la lumière et pourtant nombreux sont ceux qui ne prennent nullement la peine de se renseigner avant de porter un jugement définitif, comminatoire et pour tout dire digne d'un Savonarole ou d'un Saint-Just.

Je lisais tout à l'heure les réactions incendiaires au tweet d'une collaboratrice du ministre de l'Agriculture qui, faisant preuve d'humour lors de son départ en vacances, moqua la jeune suédoise Greta Thunberg qui préfère le bateau à voile pour traverser l'océan plutôt que l'avion, non à cause de ses origines Viking, mais au prétexte que ce dernier pollue. Et le bateau de course sur lequel elle va naviguer, de quoi est-il fait ? Coque en carbone assurément (dérivé acrylique issu du pétrole) ! Et le moteur, obligatoire ? Fonctionne au fuel ! Et les instruments, les cordages, les voiles, les mâts, les panneaux solaires ? Pas fabriqués manuellement que je sache avec du sable et du vent… Soyons sérieux, rien n'est totalement écologique. Quel que soit le moyen de transport, il y a ou il y a eu émission de carbone.

L'une et l'autre sont donc identiquement coupables, puisque la saison est désormais à la culpabilité. Car, si le charme désuet du bateau à voile vaut autant celui plus moderne de l'aéroplane, même si les paysages vagues qu'on a le temps d'admirer se déroulent avec la même apparente vitesse et paraissent tout aussi monotones vus d'en haut ou au ras de l'océan, leurs émissions de CO2 sont comparables.

Quant à alimenter la rumeur polluante, en revanche, l'une a tout faux car il suffit de savoir que l'air est composé à 78 % d'azote, 21 % de dioxygène et 1 % d'autres gaz dont 0,04 % de CO2. De ce dernier taux, qui reste pratiquement constant depuis des lustres à un iota près, l'humain y contribue à hauteur de 4 %, soit 0,0016 % de son total, c'est-à-dire une broutille, que dalle, pas même une roupie de sansonnet. Le principal gaz à effet de serre étant la vapeur d'eau, indispensable par ailleurs pour tempérer la planète. Et pour conclure ce cours de mathématiques à usage des classes primaires auxquelles Greta Thunberg aurait mieux fait de participer que de voyager, finissons-en une bonne fois pour toutes avec l'affirmation qui voudrait que le CO2 soit un poison et un polluant. Au risque de déplaire, il n'est ni l'un ni l'autre, mais l'une des molécules les plus importantes et tout à fait indispensable à la vie, non seulement des plantes, mais de l'humain qui meurt lorsque sa concentration pulmonaire est inférieure à 400 ppm lors de la respiration.

Rien toutefois ne vous oblige à le croire et faire en sorte de remettre en service le char à bœufs pour voyager. Non seulement vous pourrez cueillir des marguerites sans ralentir le mouvement, les effeuiller en lutinant, mais faire également quelques exercices corporels et haletants pour nourrir vos bronches de ce gaz tant décrié avant de rejoindre l'attelage. À supposer, tout d'abord que vous n'envisagerez pas de traverser l'océan, les bovins n'y étant pas entraînés, ensuite que les bœufs ne déféqueront pas, ne rumineront ni ne boiront, parce que tout cela, aux regards de nos nouveaux Don Quichotte, est éminemment déconseillé.

Alors bon vent à Greta Thunberg sur sa coque carbonée et bonnes vacances à Béatrice Frecenon ainsi qu'à tous ceux qui vont et viennent d'une manière ou d'une autre.

18 août - de l'obsession

Alors que la jeunesse devrait rêver d'avenir, les lycéens d'Amérique collent sur leurs pièces d'identité un adhésif autorisant à montrer leur cadavre au cas où ils seraient tués lors d'une fusillade. Non pas, comme on serait tenté de le croire, par désir de devenir star le temps éphémère de sa publication, mais bien pour revendiquer, les culpabilisant, auprès des dirigeants de leur pays que le temps est venu d'interdire la vente libre des armes afin que cessent ces tueries répétitives.

Quel sentiment d'obsession peut ainsi conduire ces jeunes à imaginer un tel procédé macabre ! C'est dire si leur pensée est plus préoccupée de survie que de vie. Le propre de la jeunesse est de ne pas craindre la mort. À condition qu'elle soit, non pas le résultat d'un coup de dé, mais le libre choix de leurs actions. Or se faire tuer alors qu'un fou pénètre dans un établissement scolaire et mitraille au hasard ne dépend d'aucune volonté. Je veux dire ainsi que défier la mort au cours d'une action dangereuse est acceptable car la jeunesse est certaine de la vaincre ; la subir n'est pas envisageable. Cette angoisse alors obvie à tout autre désir, à toute volonté d'avenir, sinon celle de montrer son cadavre, sa dernière photo comme ils l'indiquent, afin que cette mort ne fût pas inutile et devienne ainsi, au détriment de toute raison, envisageable.

Nous vivons une époque insensée.

***

Longue promenade tout à l'heure, avec le chien. Non pas en distance, mais en temps à s'arrêter souvent cueillir des mûres le long des haies. Il y a une couple d'années j'emmenais mes petits enfants ramasser ces baies pour en garnir une tarte. Je ne sais si, comme je me souviens de ce temps où petit enfant je cueillais les tomates que mon grand-père, riant, me laissait dévorer dans son potager, eux aussi se souviendront de ce temps passé avec la même nostalgie. Non, je ne sais et ne serais plus là pour savoir.

***

Une pensée en marchant me venait tout à l'heure à propos de la jeune suédoise autiste que j'évoquais l'autre jour. Avec quel engin reviendra-t-elle de son périple ? Comme ceux qui l'accompagnèrent, en avion ou en bateau ? Alors que deux autres skippers partiront également en avion récupérer le voilier.

Tout cela fait figure de supercherie, et ce n'est pas elle qu'il faut incriminer, mais ses parents qui odieusement profitent de sa pathologie pour en faire une affiche publicitaire, identique à l'enfant de jadis mendiant difforme. Ces gens-là sont des imposteurs.

19 août - du doute

Le corps sans vie du jeune randonneur, Simon Gautier, vient d'être retrouvé après neuf jours de recherche en Italie. La famille estime que les secours n'ont pas été déclenchés suffisamment vite après son appel à l'aide alors qu'il était tombé dans un ravin, se brisant les jambes. Il est à noter que, puisque l'appel de son portable fut entendu, il pouvait être localisé en fonction du relais qui le capta pour le diffuser. En ce sens je conçois la réaction de sa famille. Les autorités italiennes ont beau nous affirmer que la région très escarpée, à 200 km au sud de Naples, ne facilite pas la géolocalisation par manque d'antennes, il me paraît assez invraisemblable que l'on n'ait pu circonscrire la zone des recherches à partir de l'antenne qui a borné. Il n'est qu'à constater, lors d'une enquête policière, par exemple, la célérité et la précision avec lesquelles les inspecteurs ou les gendarmes déterminent les lieux où un criminel fut présent pour se convaincre que les secours italiens ont fait preuve d'attentisme. Puisque appel il y eut via un téléphone mobile, c'est qu'une antenne a borné. Il fallait tout de suite savoir laquelle et à partir de là diligenter les recherches au lieu d'attendre plusieurs heures avant de les entreprendre. Nous ne vivons plus au temps de voyageurs intrépides, de Marco Polo à Alexandra David-Néel en passant par René Caillié ou Alain Colas, risquant leur vie en des contrées inaccessibles ou sur les océans du monde.

Je lis par ailleurs que les opérateurs téléphoniques ne transmettent les coordonnées de localisation qu'après de longues procédures. À qui fera-t-on croire qu'en cas d'urgence, de danger de mort, aucun moyen n'existe pour les contraindre à communiquer ces précisions ? Ou veut-on reporter sur d'autres la responsabilité du déroulement de ce drame ?

Il y a en Italie, actuellement, une plus grande promptitude à dire des messes, tant religieuses que populistes, ou à interdire d'aborder quelques migrants, qu'à sauver des vies.

Je ne sais quand et comment est mort Simon Gautier ; au-delà de cette issue funeste, j'imagine la souffrance endurée par ce jeune homme dans l'attente vaine de secours. Sa solitude, son angoisse, sa peur, son agonie, même si celle-ci fut brève comme le suggère le médecin légiste après les premiers examens. Ce qui laisserait penser qu'il n'eût pas été permis de le sauver.

Supposition que j'échafaude à partir des seules informations diffusées. Tant d'autres aléas ayant pu contrarier non seulement le sauvetage, mais également la position initiale du blessé.

Nous sommes toujours prompts à juger tant parfois l'incompréhension nous émeut. Précisément, cette incompréhension ne devrait-elle pas brider notre esprit critique ? Il n'est pas inutile de se souvenir de ce qu'Alain pensait du doute dont il disait qu'il n'était pas au-dessous du savoir, mais au-dessus.

Lorsque l'incrédulité nous assaille, sachons douter raisonnablement afin d'obtenir des réponses nouvelles et précises.

21 août - de l'inutile pédanterie

Yann Moix est, paraît-il, un chroniqueur qui sévit à la télé. Lorsque j'entends – du moins et plus précisément lorsque je lis – sa critique envers Valérie Damidot qui se moqua de sa virilité rikiki, sachant que les intervenants télé ne brillent pas toujours pour leur maîtrise du français, ce qui n'est pas un reproche en raison de sa difficulté, je reste abasourdi face à la maestria dont il fit preuve. Car, se targuant d'être un écrivain, le susnommé fit un louable effort de grammairien dévoué à la cause du subjonctif afin d'épater une galerie de trois crétins qui s'esclaffèrent. Au risque de passer au mieux pour un nouveau Trissotin, au pire pour un cuistre.

Yann Moix connaît la concordance des temps. C'est évident. Dans son emploi littéraire s'entend. Car dans la langue courante moderne, son discours ressemblait plus à du galimatias à l'usage des pédants, appliquant à la lettre la règle qui veut que, si la subordonnée est au subjonctif lorsque la principale est à un temps passé de l'indicatif, le verbe soit alors à l'imparfait dans le langage littéraire. Ainsi il est loisible d'écrire : « Je ne savais même pas qu'elle existât », mais plus modestement, de façon contemporaine, sans vouloir plagier Anatole France (Anatole France, *Le livre de mon ami, Le livre de Pierre, Premières conquêtes, VI* - Marcel aux yeux d'or, Calmann-Lévy, 1 885) et surtout selon que le sens l'exige il eût été sans doute plus correct et surtout plus compréhensible de dire : « Je ne savais même pas qu'elle existait » selon la règle plus simple qui veut que, si la subordonnée est à l'indicatif, le verbe soit à l'imparfait.

Désormais il sait donc qu'existe Valérie Damidot. Quant à moi je ne savais même pas que tant de gens pussent dépenser une telle énergie pour de telles billevesées.

Il existe, à l'usage de ceux qui veulent écrire ou parler sans emphase mais correctement, des ouvrages incontournables comme le Bescherelle, le Bescherelle pratique ou le Grévisse vers lesquels se précipiter afin que leur cerveau avide de savoir trouvât matière à pétrir. C'est peut-être beaucoup demander pour un chroniqueur qui a, semble-t-il, dépassé le stade de l'apprentissage mais non celui de l'adolescence pour ses amours et celui du complexe d'œdipe vis-à-vis de ses parents.

29 août - de l'humilité

Hier visite au cimetière avec mon plus jeune frère pour la réfection d'une tombe. La stèle est tombée, les noms gravés n'apparaissent plus érodés par le temps. Nous en avons profité pour faire le tour des autres tombes des familles. Ces personnages devenus inconnus à la plupart, quelques-uns me sont encore familiers. Jean Renaud mort à neuf ans, frère d'une arrière-grand-mère après laquelle je courrais, enfant, armé d'un balai, qui peut s'en souvenir ? Moi-même ignore quel accident ou maladie l'emporta vers le néant à cet âge si tendre. Tant d'autres que l'oubli peu à peu enterre à nouveau. Nous devrions rester humbles face à ce gouffre qui nous absorbe les uns comme les autres car nous ne sûmes, comme le préconisait Camus, œuvrer pour l'éternité. Par lassitude, absence de don, désintérêt.

Les allées du cimetière ne sont guère entretenues depuis que sont injustement honnis les herbicides. Les cantonniers disparus, personne ne se baisse plus pour arracher l'herbe qui envahit les gravillons semés entre les tombes. Un jour viendra où les cimetières ne seront que des annexes d'une jungle envahissante. Comme jadis, puisqu'il paraît que leur entretien ne date que du début du siècle dernier. Autrefois les vivants marchaient sur des allées de terre conservant les traces des sabots que les morts, avant qu'ils le devinssent, avaient creusées.

15

Septembre 2019

1er septembre - de l'oubli volontaire

Yann Moix, encore.

Les ordures tentent toujours de justifier leurs propos inqualifiables, même émis à vingt ans, de raciste, de xénophobe déjanté. Il n'y a guère que les inconsistants ou les dupés pour les défendre.

Si Moix avait encore le génie et la constance d'un Céline, qui lui n'a jamais renié son antisémitisme et le discours qui va avec, pourrait-on peut-être faire la part des choses, comprendre les Naulleau et autre BHL à vouloir le défendre, mais pas même. Cet individu, à bien le regarder, a une tête à claques et je me demande s'il en reçut au cours de son enfance, malgré son accusation d'autorité parentale sévère, ignoble si elle est fausse et, ma foi, tout à fait justifiée mais totalement insuffisante si elle est vraie. Je reste consterné face à ces gens qui regrettent leurs actes de jeunesse. Qu'ils aient pu un jour ou l'autre agir ou dire d'une quelconque manière parce qu'à vingt ans l'on ne réfléchit pas, ou l'on se laisse entraîner, est une excuse irrecevable. S'ils furent ainsi, c'est que leur intellect les y poussait. Peu ou prou ils étaient les hérauts de leur pensée de l'instant. Tels, la thèse développée alors, se montraient-ils. Point final.

Les truands qui regrettent leur passé après avoir payé leurs crimes ont plus d'honneur à ne pas l'excuser par de fallacieux prétextes.

***

Hier anniversaire d'Olivier. Il approche de cette étape que j'appelais hier, pour ma part, le milieu de mon existence.

Aujourd'hui anniversaire de Quentin, ce neveu, enfant au brin d'herbe entre les dents sur les épaules d'Olivier, photo qui trône dans le couloir d'entrée de la maison.

Il y a si longtemps déjà.

3 septembre - de la séparation

Le reste du chemin à parcourir par l'homme âgé est jonché de cadavres comme autant de fleurs fanées. La mort l'accompagne jusqu'à la ligne d'arrivée, qui est en fait l'ultime départ.

J'apprends aujourd'hui le décès d'une femme au visage évanoui. Je l'avais connue alors que nous étions petits enfants. Nous avions elle et moi le même âge et nous jouions ensemble lorsque aux vacances d'été nous venions dans le village de nos grands-parents.

Dans la ferme de ma grand-mère maternelle qu'exploitait un couple de métayers, au moment des battages, sous le soleil de juillet, l'énorme machine à vapeur aux courroies démesurées séparait le grain de l'épi. Un homme sur l'engin juché au bord de la gueule béante du broyeur, l'alimentait des blés moissonnés qu'un autre, arqué et suant sur une remorque accotée, lui jetait en bottes du bout de sa fourche. Du flanc de la machine tonitruante se gonflaient les sacs emplis d'une graine dorée pour le meunier, à l'arrière s'amoncelait la fine écosse éjectée en un geyser ensoleillé, dune sur laquelle, chaque année de nos vacances, nous riions en y grimpant, s'y enfonçant, y roulant nos cabrioles, nous enveloppant d'une fine pelure, mon frère, le sien, elle, leur cousine fille des fermiers, et moi. Puis les battages cessèrent ; fut vendue la ferme. La vie nous sépara.

Elle s'appelait Margaret. Belle comme le jour, sans doute en fus-je amoureux. À quatre ou cinq ans j'aimais déjà la femme qui se devinait en elle. Je ne l'ai jamais revue, ou peut-être entrevue de loin toujours radieuse. J'eus des nouvelles de sa maladie par une de ses cousines qui m'apprit également sa mort.

Mon chemin, de mes six ans où j'embrassais le front glacé de mon grand-père avant d'aller pleurer, caché derrière un meuble, à l'âge qui est le mien aujourd'hui sans avoir pu baiser hier le front de Guillaume, mon chemin fut parsemé d'amours qui ne sont plus, autant de grains de blé à moudre pour pétrir mes souvenirs.

Avoir la sagesse de Socrate pour qui la mort n'était qu'une étape.

***

Promenade sous le doux soleil de septembre. Avec le chien, de retour assoiffé. Une couple d'heures à ramasser des mûres. Cette année encore les ronces furent garnies mais les fruits, par manque d'eau, sont petits, rabougris parfois, desséchés bien souvent. La cueillette fut maigre. À peine de quoi faire deux tartes. En revanche des myriades de mirabelles nous furent offertes. Confiture et dessert sont au programme.

De quoi penser à autre chose.

10 septembre - de la bonne excuse

Démocrite affirmait que « Nombreux sont ceux qui commettent les pires forfaits, mais fournissent d'excellentes raisons ».

A priori, je constate que rien n'a guère changé depuis deux mille cinq cents ans.

Il ajoutait, deux pensées plus loin, compilées par Stobée, que « C'est dans les actes et la conduite qu'il faut rechercher la vertu, et non en paroles ».

À relire régulièrement les philosophes grecs d'avant et après Socrate, on se demande pourquoi tant d'auteurs sont venus ensuite pour n'apporter rien de plus. Car tout est presque dit, de Thalès, le premier philosophe, jusqu'à Marc Aurèle en passant par Platon jusqu'à Aristote, il n'y a qu'à puiser pour se fixer une conduite de vie.

Ce qu'un bon nombre de nos contemporains ne font et ne feront jamais.

Quand j'entends par exemple ces hommes violeurs ou violents, dont certains se posent en censeurs, théologiens et autres moralisateurs, s'embrouiller dans des palabres incertains allant jusqu'à la palinodie pour se justifier et affirmer la main sur le cœur que le revirement du jour n'est dû désormais qu'au souci de vérité, la crainte d'un jugement hâtif et forcément accusateur ayant précédemment développé en eux l'exigeant besoin de nier d'emblée toute faute, quand je les entends minimiser leurs forfaits la nausée me submerge et me révulse ; mais je me dis qu'ils ne dupent qu'eux-mêmes. Quand, de plus, l'un d'entre eux ose citer plus de quatre-vingts fois le nom d'une victime dans un livre qu'il fait paraître, répandant ses turpitudes en tartines indigestes, c'est en rajouter à l'ignominie, démontrer qu'aucune morale, aucune règle ne conduit la vie qu'il mène et prouver par là même d'une quasi-certitude les actes qui lui sont reprochés.

Il n'est pas nécessaire de nommer ces capons, doublement criminels en actes et en paroles, non par crainte – il ferait beau voir et d'ailleurs tout le monde les reconnaîtra – mais tout simplement parce que les sortir du néant qui leur convient serait trop grand honneur pour eux qui n'en ont pas. Ils feraient mieux d'avoir la décence de se taire, même après avoir purgé leur peine, car ils ne sont que bassesse. Le véritable truand – et je me répète sans aucun doute – qui reconnaît ses crimes, les assume, est plus respectable que ces lâches qui frappent ou violent une femme puis se tortillent, gluantes anguilles, lorsqu'ils tentent, pris dans la nasse, d'échapper à la justice.

11 septembre - de l'exotisme du complot

Onze septembre, la date résonne toujours comme un glas. Elle me renvoie à cette année-là, où, quelques jours après de ce même mois, partis chercher Guillaume qui revenait du Sinaï et devait survoler Toulouse avant de se poser à Mont-de-Marsan, nous apprîmes sur la route l'explosion meurtrière survenue dans le hangar d'une usine aux abords de la ville occitane. Nous pensâmes à un acte terroriste. Il n'en était rien, à la différence des actes perpétrés à New York. Il est ahurissant de constater qu'un nombre important d'individus doutent de la réalité des explications données ensuite. Non terroriste dans un cas, terroriste dans l'autre, à chaque fois l'inverse d'une réalité pourtant parfaitement établie. Est-il donc dans la nature de l'homme, non pas de douter avec raison ou philosophiquement, mais de nier l'évidence afin de rêver de complots nourrissant un besoin exotique ?

***

Promenade avec le chien. Les mûres, après les quelques averses de ces derniers jours, ont grossi et mûri sous le soleil bientôt automnal. À moins que l'autre jour les ai-je cueilli trop hâtivement. Si alors je les ai trouvées petites et parfois desséchées, c'est qu'il eût été préférable que j'attendisse quelques jours. Nous agissons souvent avec trop d'empressement. L'expérience nous enseigne la patience, quel que soit l'âge.

19 septembre - de la superstition

Hier matin, séance chez ma coiffeuse. Dans le village n'existent pas de commerces. Hormis un cabinet d'infirmières et de kinés. Il faut aller au bourg voisin, et encore n'y trouve-t-on qu'une boulangerie, un bureau de tabac, deux garagistes, deux médecins, une pharmacie et pour quelques mois encore un salon de coiffure. Le maire dudit bourg n'a rien fait pour la retenir, refusant un permis de construire, alors que les propriétaires du local commercial où elle officie le veulent récupérer. Elle partira donc ailleurs dès le début de l'an prochain.

Pendant que j'attendais mon tour, sous sa main experte un Anglais peu loquace devenant quasiment chauve, je pensais à son système de remise et me permis de lui affirmer qu'il n'était pas justifié d'offrir la onzième coupe de cheveux après les dix premières payées, quand bien même j'appréciais le geste. Précisant que toute peine méritait salaire et qu'offrir une tâche revenait à la dévaloriser. Elle me répondit que les gens n'aimaient pas les remises. Ça ne les intéresse pas, même à moitié prix. Et puis, ajouta-t-elle en un sourire, ce n'est que la coupe, sa main-d'œuvre, faisant payer tout supplément.

Mon anglais en bénéficia. C'était le numéro gagnant du jeu des ciseaux. Je ne sais s'il comprit tout ce que j'avais dit, mais il partit enchanté après avoir repris rendez-vous pour le mois suivant. Vivement l'année prochaine, devait-il songer en sortant, s'il la suit dans son futur salon. Et c'est ainsi que le commerce survit péniblement, que les compagnies aériennes font faillite en rognant les tarifs et que le temps s'écoule sans que l'on s'en aperçoive.

***

Spinoza, dans sa préface à son « Autorités théologique et politique », évoque la superstition et cite Quinte-Curce qui affirmait que « La superstition est le plus sûr moyen auquel on puisse avoir recours pour gouverner la masse. » Ou, selon les versions de sa Vie d'Alexandre, livre IV, chapitre X, « Rien ne gouverne si puissamment les esprits de la multitude que la superstition… ».

Il n'est pas une affirmation plus juste depuis toujours et particulièrement efficace en cette période de peur climatique totalement infondée. La nouvelle superstition c'est le grand Satan CO2, et l'infaillible parole du Pape est celle du Giec. Dieu étant le Climat devant lequel on se prosterne. Une cohorte d'apôtres diffuse la bonne parole qu'une sainte traversant les mers va porter pour convaincre les impies.

***

Retour de balade aujourd'hui les poches pleines de noisettes. Avec le vent violent de ces jours derniers elles tombent des arbustes et le chemin blanc derrière la maison en est jonché. Je m'arrêterais à chaque enjambée pour les ramasser si j'avais de plus grandes poches à mes pantalons. Je comprends les écureuils qui thésaurisent, c'est un fruit délicieux ; ils n'auront pas la peine de grimper dans les branches pour les cueillir, j'en ai laissé suffisamment pour plusieurs hivers.

Retour de balade donc et les nouvelles lues m'informent du procès Mélenchon, vous savez cet individu, victime de complots en tout genre, colérique, qui n'accepte pas d'être traité comme tout le monde. Et il ne l'est pas d'ailleurs, pas encore en tout cas, car n'importe quel quidam, après une comparution immédiate, aurait dormi en prison pour outrage à magistrat et agents s'il avait agi comme lui et ses comparses le firent lors de la perquisition des locaux du parti. À tout le moins se serait-il retrouvé en garde à vue.

Cicéron dans son traité des Lois, livre III, chapitre II, précise que : « Il ne suffit pas que les citoyens soient soumis aux magistrats et leur obéissent, nous voulons aussi qu'ils les honorent et les aiment. » C'est peut-être beaucoup demander d'aimer un magistrat, surtout s'il vous condamne, mais tout au moins le respecter. Il ne fait qu'appliquer la loi que des députés ont approuvée.

Mélenchon devrait feuilleter Cicéron au lieu de relire son dernier bouquin quand des caméras le filment à l'Assemblée nationale, là où les lois sont justement votées.

23 septembre - de l'hystérie collective

L'hystérie climatique balaye la planète. Des jeunes défilent un peu partout chaque vendredi et la dernière lubie à la mode est de porter plainte contre les états pour leur inaction.

C'est lassant de constater une telle bêtise. Les responsables sont avant tout ceux qui profitent de la crédulité des masses pour diffuser un message non seulement mensonger, mais surtout de peur. Le climat change, a toujours changé et changera encore. Le petit âge glaciaire s'est terminé vers 1850 et depuis nous vivons l'inverse. Demain alternera le froid.

Deux souvenirs émergent. Lorsque j'étais jeune, les vieux, déjà, vouaient au diable les avions les accusant de détraquer le temps. Vers la fin du XIXe les habitants d'un village Suisse organisaient des pèlerinages avec action de grâce, curé et goupillon, pour demander à Dieu, la Vierge et tous les saints du paradis de ralentir l'avancée d'un glacier qui menaçait leurs maisons. J'ai oublié le nom du canton où l'évènement se déroulait, mais quelques années plus tard on y pria pour l'inverse. Avec autant de chance de réussite. Ici, en Saintonge, rapportés par Robert Colle dans son ouvrage sur nos ancêtres, les mêmes gémissements adressés au ciel pour la pluie ou la sécheresse. En 1727 par exemple, prières en mai pour réclamer la pluie, puis, les vœux sans doute exaucés au-delà du raisonnable, le 24 juin, supplications pour qu'elle cesse.

Pour en revenir à ces jeunes, leur sottise est telle que nulle explication ne parviendra à les convaincre du tort qu'ils se font. Lorsqu'ils seront plus instruits ou que la vieillesse leur aura apporté un semblant de sagesse, ils souriront sans doute de leurs excès. On en sourit toujours, mais le regret n'est pas loin face au constat du mal qu'ils provoquèrent. L'intempérant d'hier souffre au présent. Les pathologies provoquées par les abus sont, elles, quasiment irréversibles. Le stress, l'angoisse que développe la peur climatique chez ces jeunes immatures risque fort de créer des adultes névrosés.

25 septembre - de l'attente

La fin du mois de septembre approche et, relisant les quelques notes précédentes, je constate que je n'ai guère écrit depuis son début. Écrire son journal n'est pas une mince affaire. Il faut savoir s'y tenir. Ainsi qu'ont su le faire Amiel, Green, Mauriac, Léautaud et tant d'autres. Sans pour autant comparer en quoi que ce soit mes turpitudes ou mes douleurs avec les leurs. Or, il me semble que rien ici ne concerne mes états d'âme. Car, après tout, un journal n'est intime que s'il consiste à dévoiler son âme et ses actes. Mais, pensais-je, qui cela peut-il intéresser ? Pire encore, qu'ai-je à dire de ma vie qui fut plus celle d'un reclus que d'un mondain, d'un ascète que d'un Casanova, d'un homme des cavernes que d'un intellectuel. Pas même une maladie à décrire qui aurait déchiré mon existence. Ou alors ai-je trop de pudeur pour me mettre à nu, non pas physiquement, le corps n'étant rien, mais moralement ? Ou de respect ? Jusque-là, et mis à part les rares fois où je révélais de mon cœur une particularité, j'ai plus parlé des affaires de ce monde que d'autre chose.

J'en ai pourtant commencé à noircir de ces cahiers avec lesquels j'aspirais à lever le voile. Je tenais quelques jours le rythme, puis ralentissais et abandonnais enfin aussi penaud qu'un coureur cycliste non dopé semé par ses coéquipiers. J'insistais pourtant quelques années plus tard après avoir tout brûlé.

En définitive je suis un poète, sprinter plus que coureur de fond. Un rien m'égare dans le dédale de mes pensées. Il suffit, comme celui de Green qui le consola un jour de tristesse, d'un écureuil qui traverse le jardin pour que mon regard le suive et s'arrête avec lui au bout d'une branche qui se balance et nous berce.

Et j'attends la fin du jour.

30 septembre - de la communion du peuple

Chirac est mort il y a quelques jours. Deuil national aujourd'hui, sur décision du président en exercice. Ils en ont profité pour l'enterrer et lui rendre hommage.

Les morts ont toujours toutes les qualités. Comme par enchantement. Et c'est sans doute bien ainsi puisqu'ils ne sont plus là pour se défendre. La raison pour laquelle l'action de la justice s'éteint lorsqu'un accusé vient à disparaître.

Le peuple raffole de ces jours de communion. Chirac fut président douze ans. Je ne pense pas que ce sont ces années-là qui justifient la ferveur dont il est l'objet. L'homme était devenu sympathique en vieillissant. Monopolisant l'attention durant plus de quatre décennies, il s'était invité puis intégré au souper des familles. Il était l'un des leurs. C'est cet aspect-là que la foule pleure et non l'homme politique. Car, qui est aujourd'hui capable de dire ce que le politique aura laissé dans l'Histoire ? Hormis le refus de la guerre en Irak, ce qui n'est pas rien certes, mais si facile à décider. Il ne fut en rien suivi par les cow-boys, la guerre eut lieu avec les conséquences que l'on sait, ce qui n'était pas difficile non plus à prévoir.

16

Octobre 2019

3 octobre - du rêve cafardeux

J'ai craint le pire devant la photo d'Enthoven derrière le pupitre d'orateur de la convention de la droite, hétéroclite ramassis, cœurs desséchés d'un parterre râtelé par Mme Maréchal. Se serait-il égaré le chronico-philosophe ? Non point ! Ouf, je respire ! Invité par les populistes, il répondait aux éructations insanes de Zemmour, cafard noir penché sur le pupitre, avant Ménard, nullard, qu'il n'était besoin de contredire. Enthoven opposait son sourire au rictus momifié des deux autres.

Alors ça n'a pas manqué, les huées et les quolibets, insultes, injures, menaces, fusèrent à son encontre. Ne devait pas être très à l'aise dans cette galère le prof de philo et pourtant l'image était belle comme l'antique. Samson face à trois mille Philistins, en tuant mille, armé d'une simple mâchoire d'âne.

Sinon que ce jour-là nul ne fut tué dans l'amphithéâtre plein comme un œuf de saurien malgré l'envie que devaient en avoir certains qui ne furent nullement convaincus et en aucun cas chassés de leur courant idéologique.

La question que je me pose, n'étant pourtant pas de ceux qui s'indignent de dialoguer avec quiconque le souhaite, mais face à face, fût-il un adversaire, est de savoir à quoi cela a-t-il pu servir ? Est-il concevable de grimper sur scène lors de la tournée d'un chanteur pour tenter de démontrer à ses fans qu'il a une voix de fausset ?

Au risque de se faire lyncher.

Au fait, dans l'interprétation des rêves à l'usage de l'Islam, sujet préféré des phantasmes de Zemmour, rêver de cafard peut présager une bonne chose si la bestiole est rouge ; en revanche si elle est noire le pire est à craindre.

5 octobre - de l'abandon

Le Parlement des singes, œuvre de Banksy, vient d'être adjugé pour plus de onze millions d'euros chez Sotheby's à Londres. Outre le fait que le peintre (ou tagueur ?) est inconnu, l'œuvre est nulle tant le faciès des hominidés est banalement semblable de l'un à l'autre, comme fait à l'unique pochoir, que la salle du parlement ressemble à une photo et que l'on ne ressent rien à contempler le cadre. Il fallait être un âne pour l'acquérir.

Dans ce siècle où nous vivons d'ailleurs, il semblerait que, plus qu'imiter le roman de Pierre Boulle dans lequel les singes détiennent le pouvoir, ce sont les ânes qui dominent. Nous vivons sur une planète devenue une asinerie.

***

Si la PMA ne me pose pas de problème métaphysique, la GPA, de mon point de vue, est une aberration consternante ouvrant la porte à des dérives proches de l'eugénisme au nom de la liberté du corps. Ce qui ne peut en rien se comparer, ainsi que quelques-uns l'affirment, à la prostitution, le fruit n'étant pas uniquement l'argent mais également et surtout l'enfant qui naîtra. Comment une femme peut-elle louer, voire prêter son corps, et d'abord son utérus, pour enfanter à la demande d'une autre femme ? Mais qu'en est-il ensuite de l'enfant ?

Quelques députés de droite, après l'amendement voté concernant l'adoption des enfants nés ainsi à l'étranger, subodorent par bêtise ou conviction, ce qui est semblable pour eux, une extension de cette loi vers la légalisation de ce type de gestation. Il n'en est aucunement question. Les futurs enfants nés de cette façon seront reconnus au contraire d'aujourd'hui, non systématiquement, mais par la justice qui instruira individuellement. Les enfants ne sont pour rien dans cette situation, seuls leurs parents sont responsables et coupables et ne pourront ainsi non seulement se déculpabiliser mais surtout se croire libres de contourner la loi en partant à l'étranger pour enfanter à trois, sachant qu'au retour l'enfant sera automatiquement affilié. Non. C'est un premier point que les juges hier ont entériné, acceptant par jugement et après délibération, et non administrativement, la filiation avec leur mère d'intention de jumelles nées par GPA à l'étranger.

Le second, c'est faire preuve d'un égoïsme impudent que de vouloir et obtenir à tout prix, et le terme est approprié, un ou des enfants alors que la femme est stérile ou dans l'impossibilité d'enfanter. Ce marchandage honteux rabaisse au rang d'objets le trio procréateur et la progéniture pondue. Et si j'emploie ces termes triviaux c'est à dessein car il ne s'agit pas d'autre chose : obtenir par n'importe quel moyen l'objet désiré, à savoir l'enfant au même titre qu'une bagnole, un frigo ou un objet de plaisir. Que lui dira-t-on d'ailleurs à cet enfant lorsque le temps sera venu de dévoiler la vérité ? Ce n'est plus disposer de son corps pour vivre, c'est faire fi d'une vie future qui ne demandait rien.

Je sais bien qu'en écrivant ainsi j'apparais comme un vieux réactionnaire. Mais quoi ! Cette mère factice qui prend l'enfant de son mari, comme si celui-ci l'avait conçu avec sa maîtresse, agirait-elle de même si, féconde, on lui demandait de porter un enfant pour une autre, puis, au terme de sa maternité, l'abandonner à cette autre ?

6 octobre - du regret

J'éprouve du regret à relire ce que j'écrivais hier. Mais qu'importe, je l'ai écrit, je ne le gomme pas.

Regret parce qu'il peut sembler que je vais, là encore dans cette affaire, à contre-courant mais de façon inopportune. On le sait bien qu'à l'homme, jouxtant la déité, tout devient possible hormis la résurrection, à tout le moins d'empêcher la mort. En chirurgie par exemple il serait loisible d'envisager une greffe de tête si l'on savait rabouter sans dommage la moelle spinale, ou épinière, au tronc cérébral. Alors, vous pensez bien, faire naître un enfant par GPA, quelle banalité ! Donc pourquoi pas, afin de contenter l'instinct maternel de celle qui ne peut enfanter, en utilisant l'utérus d'une autre comme une poule couvant un œuf de cane ou un marsupial utilisant sa poche en couveuse ? Comme je le disais hier parce que la motivation est purement égoïste et fait abstraction, non pas tant du devenir de l'enfant, parce qu'après tout cet avenir peut être une félicité, mais plus précisément de la mère porteuse dans l'obligation d'abandonner sa progéniture après l'accouchement. Certains s'interrogeront sur l'intérêt de la question sachant que les abandons d'enfants ont lieu encore et toujours et que peu s'en préoccupent. La mère qui abandonne volontairement son enfant ne le fait jamais de gaieté de cœur, du moins je le pense ou mieux l'espère, les motivations qui l'y obligent lui étant insurmontables et non issues d'un marchandage ; en l'occurrence je n'emploierai pas le mot abandon mais celui de rapt. Le couple vole, détrousse celle qui enfanta pour eux, et quelles que soient les conventions établies, quelle que soit la donneuse de l'ovule fécondé. Craignons qu'au sein de cet improbable trio, l'enfant ne devienne un nouvel Adonis sauvé par Aphrodite, confié un temps à Perséphone qui ne lui voulut point rendre. Zeus, appelé à trancher, arbitra de manière moins radicale que le roi Salomon qui voulut couper en deux l'enfant que deux femmes se disputaient, proposa le partage du temps : six mois chez l'une, six mois chez l'autre.

Malheureusement nos histoires terrestres ne se terminent pas ainsi, le compromis en la matière n'étant pas de mise, l'enfant porté par la mère d'occasion ne la reverra jamais, quand bien même cette dernière aurait agi par pure bonté et non par lucre.

Mais n'étant pas femme, comment puis-je juger ?

***

L'Othello est un cépage interdit à la vinification mais délicieux en raisin de table. J'en sais trouver des grappes qui tachent doigts et langue couleur sang. Accompagné d'une poignée de noisettes et d'une autre de noix, les premières de la saison, glanées le long du chemin, mais rares en raison des gelées de mai dernier, mon retour de balade est un festin que ne renieraient pas les dieux de l'Olympe menés par Dionysos.

*****

Des bougies scintillent sur le rebord des fenêtres. Comme chaque mois, le 6, Elle les allume après dîner. Depuis si longtemps déjà.

10 octobre - de la ville

Hier après-midi passage au palais de justice. Ouverture de la session d'assises. Procès pour viol sur mineure. Huis clos demandé, impossible d'assister aux débats. À la lecture des audiences, quatre viols et un meurtre en fin de semaine prochaine. Les femmes ont raison de réclamer justice et protection pour elles et leurs enfants. Sans doute encore interdits au public me précise le vigile avec qui je bavarde, il s'agit de mineurs. Depuis que j'assiste à ces procès, ceux pour viols me semblent recrudescents. Déjà, lors des dernières assises, je n'ai pu pénétrer dans la salle d'audience pour les mêmes raisons. L'homme est toujours ce fauve à peine sorti de sa tanière néandertalienne. Promenade en ville donc pour passer le temps. Il y avait longtemps que je n'avais pas pratiqué le lèche-vitrines. Passants et badauds me crient le bonheur de la ville sous le soleil. Les terrasses s'emplissent et les serveurs s'activent aux plateaux chargés. Je reconnais l'un d'eux, essuyant une table qui se libère. Ne m'ayant vu, je poursuis mon chemin jusqu'à la boutique du marchand de vêtements pour homme. Les costumes attirent mon regard. Ils sont beaux, mais je n'en porte plus. La nostalgie de l'époque où je nouais chaque matin ma cravate. Dieu, que le temps passe. En repartant je tombe sur un ami que je n'avais vu depuis de longs mois. Nous parlons de voyage. Il n'en fait plus guère, hormis quelques-uns en voiture. La limitation de vitesse ne le gêne pas tout en regrettant la liberté d'antan. Notre rencontre est un hasard dû à nos choix qui firent qu'en tel lieu, à telle heure, nous nous croisâmes. Qu'ils se produisent à quatre kilomètres par heure ou à grande vitesse, les télescopages sont toujours aléatoires et dus à un heureux ou malheureux concours de circonstances.

12 octobre de l'emphase

Nous vivons dans l'hyperbole. Je lis dans Le Monde des sports qu'un joueur de foot, peu importe son nom, est un butteur hyper utile pour l'équipe de France. Je ne sais si l'emphase changera grand-chose aux résultats de ladite formation, mais selon son entraîneur, après sa victoire sur une modeste équipe d'Islande, il s'agissait d'un match d'hommes (sic). Ce qui va à l'encontre des souhaits de Ségolène Royal qui évoquait l'autre jour des équipes sportives mixtes.

Décidément, on ne sait plus quoi inventer pour magnifier ce qui ne demeure, après tout, qu'un vulgaire évènement ludique.

S'il y a l'exagération des mots, celle de la vitesse de l'information n'est pas non plus absente des médias. Hier soir, sur la seule affirmation de quelques-uns et avant toutes preuves, des programmes spéciaux ont envahi les ondes pendant des heures pour commenter l'arrestation de Xavier Dupont de Ligonnès soupçonné d'avoir tué femme et enfants en 2011. Disparu des écrans depuis cette date, si certains le pensaient mort, d'autres le croyaient en cavale. Une cavale de huit ans pour un néophyte serait remarquable, sauf à avoir bénéficié de complicités diverses et variées ainsi que d'un pécule suffisant. Pour un homme que l'on disait ruiné ce serait inespéré. Même le plus rusé des truands, malgré le soutien qu'il peut obtenir de ses amis gangsters, ne parvient pas à échapper plus de quelques semaines ou mois, rarement des années, aux limiers lancés à sa recherche. Seuls les assassins nazis sont parvenus à se glisser entre les mailles d'un filet qui parvenait tout de même à se resserrer sur eux au bout que quelques décennies. Dupont de Ligonnès, s'il s'agit réellement de lui, ce que démontreront les analyses en cours, aura battu de tristes records. Et s'il s'avère qu'une erreur fut commise sur la personne arrêtée, il aura indirectement démontré aux journalistes l'adage selon lequel il est bon de tourner sept fois sa langue avant de parler. Paroles attribuées à Salomon qui les aurait écrites dans le livre des proverbes mais que je ne retrouve nullement in extenso, sinon sous cette forme : « Abondance de paroles ne va pas sans faute ; qui retient ses lèvres est prudent. » (livre 10 ; proverbe 19)

Peut-être un problème d'interprétation hâtive. En revanche, sûrement un problème d'empressement inconsidéré de la part des acteurs de cet épisode : j'apprends à l'instant que l'homme arrêté à Glasgow n'est en rien le suspect que la police recherche depuis tant d'années. Il fallait écouter les voisins de sa maison perquisitionnée qui l'affirmaient déjà hier. Une fois de plus une vaste débandade et débauche de moyens physiques et financiers inutilement dépensés.

13 octobre - de l'imbécillité faite homme

Bien qu'on le sût déjà, Trump est véritablement un imbécile. Reprocher au peuple Kurde de n'avoir pas été présent lors du débarquement de juin 1944 en Normandie pour justifier le retrait des GI de la frontière turco-syrienne et laisser ainsi Erdogan libre de massacrer ces gens, est le signe d'un cerveau altéré. C'est pathétique pour le peuple américain d'être dirigé par un ilote de cet acabit. Il fut un temps où pour de tels actes une guerre mondiale eût été déclenchée. Je me demande avec angoisse si un jour nous ne verrons pas à nouveau ressurgir ces conflits tant ces quelques dictateurs qui dirigent leur pays agissent selon les névroses et les pathologies qui les gouvernent et menacent sans vergogne la paix mondiale. Leur nombre augmente malheureusement en proportion du populisme qui s'étend sur les nations.

À l'opposé, le prix Nobel de la paix vient d'être décerné au dirigeant de l'Éthiopie qui stoppa la guerre avec l'Érythrée, cet État qui lui permettait l'accès à la mer et qui lui fut fédéré avant d'en devenir province puis indépendant en 1993. C'est tout de même mieux que la petite suédoise écologiste que soutenaient les bookmakers anglais.

20 octobre - du retard

Sans rémission sur le village, depuis deux jours tombe la pluie. Ce dimanche devait avoir lieu la quatrième brocante. Les trois précédentes étalaient leurs stands sous un soleil d'été. C'était trop beau pour que cela continue. Celle d'aujourd'hui fut annulée faute de participants et de chalands. L'évènement me fait souvenir des propos que j'entendais autrefois de la bouche des anciens selon qui, sentencieux, cette débauche d'objets volants dans le ciel, avions, fusées et autres satellites, allait détraquer le temps. Ils ne sont plus là pour y trouver corrélation du genre : « Je te l'avais bien dit, fiston. » Il est remarquable de noter que toute modification du temps entraîne les assertions comminatoires sur le changement dû aux activités humaines. Comme si la pluie devait tomber à date fixe, le soleil chauffer tel jour, le froid s'installer selon un calendrier précis ou la tempête ne souffler que les jours fériés. S'il y a un domaine, malgré qu'on en ait, où l'homme ne peut rien, c'est bien celui de la météo. La nature est immense et fait ce qu'elle veut, déraillant quelquefois. Nul contrôleur n'est susceptible de canaliser ses errances.

Comme chez les cheminots, ces profiteurs de nos impôts, qui ont déclenché une grève inutile suite à l'accident d'un TER percutant un convoi routier bloqué sur un passage à niveau. Grève prétexte en la nommant droit de retrait pour cause d'insécurité, réclamant la présence, auprès du conducteur, d'un contrôleur pour l'assister, les parcours régionaux n'en comportant plus, paraît-il, depuis longtemps. Démarche cousue de fil blanc, je m'insurge contre l'ignominie de la raison invoquée. L'accompagnement d'un second employé de l'entreprise dans les wagons n'aurait rien modifié au déroulement de l'accident, tout comme de la sécurité puis de la prise en charge des voyageurs, sinon qu'il aurait pu provoquer des blessures sur une personne supplémentaire, voire sa mort si ce contrôleur, au moment du choc avec l'obstacle, s'était trouvé se baladant entre les sièges des voyageurs, voltigeant alors et s'écrasant à son tour sur un montant ou paroi métallique comme il y en a tant dans une rame.

Ce n'est pas être fataliste, mais réaliste, de dire que rien ni personne ne peut éviter la survenue d'un accident, pas plus que modifier le climat selon sa convenance personnelle. Mais c'est une vérité de dire que ce mouvement de grève déclenché un jour de départ en vacances est une malhonnêteté commise par des cheminots qui ne savent plus respecter ceux grâce à qui ils sont payés, voyageurs et contribuables.

Je me souviens d'un trajet ferroviaire que j'effectuai il y a bien longtemps, du temps où les trains étaient compartimentés avec couloir latéral. C'était, encore, quelques jours après une grève. Le contrôleur tapota la vitre, nous signifiant la vérification de nos billets. Mon tour venant, avec le sourire, je lui indiquai que je refusais, faisant grève à ma façon. Acceptant la réflexion avec bonne humeur, m'indiquant que j'avais raison, je lui tendis quand même le sésame qu'il poinçonna en riant et me remerciant quand bien même je l'avais fait patienter malicieusement.

En transportant les passagers gratuitement, grèves et grévistes auraient une autre allure évitant à ces derniers d'avoir un train de retard sur les idées, comme le disait Léon Bourgeois à propos des partis.

22 octobre - des aléas de l'existence

Le capharnaüm engendré par l'accident survenu l'autre jour entre un convoi routier et un train, ne provoquant que blessés légers et heureusement aucun décès mais le déclenchement d'une grève prétexte, n'en finit pas de monopoliser commentaires, débats, suggestions et avis plus ou moins pertinents.

Pour ma part je fus témoin de deux drames liés à ces déplacements. Aucun des deux ne remet en cause la sécurité de ce type de transport pour lequel les accidents demeurent rarissimes. Le premier remonte à plusieurs décennies et le second il y a tout juste un an.

Je revenais de Montpellier. J'allais à Bordeaux. Mon wagon était celui de tête. Je fumais pour me délasser dans le sas d'entrée. Je me tenais juste derrière la locomotive que j'apercevais par la vitre de la porte close de séparation. Le long cri soudain strident des roues glissant en freinant sur les rails me déséquilibra et se mêla à celui du

Klaxon accompagné d'un cliquetis de petits cailloux comme projetés par une main invisible. Le train stoppa dans la fureur. Nous étions entre Toulouse et Agen.

Je ne fus pas long à comprendre. Cette succession de claquements sur la carlingue, ce n'était pas des pierres qui les avaient produits, mais des fragments d'os. Une personne s'était suicidée se jetant sur la voie au passage du train.

Nous restâmes sur place une couple d'heures. Aucun contrôleur ne vint nous informer. La sirène des pompiers puis celle des gendarmes s'en chargèrent au bout d'un moment d'interrogation. Un voyageur qui se trouvait dans mon wagon, descendu peu de temps après l'arrêt, revint. Nous discutâmes. Cadre de l'entreprise, il était allé voir son collègue dans la locomotive. Il s'agissait bien d'un suicide. Choqué, le conducteur reprendrait le trajet à vitesse réduite accompagné dans la cabine par celui avec lequel j'avais bavardé.

Il y a tout juste un an, pratiquement jour pour jour, le bourg voisin fut le théâtre d'un accident mortel à l'un des trois passages à niveau, celui qui barre la rue principale. Le train Nantes-Bordeaux percuta à vive allure une automobile stoppée sur les voies. On en ignore la véritable raison, mais les réflexions à l'encontre de ceux qui bloquent la circulation en s'arrêtant anarchiquement dans la rue pour accéder aux échoppes situées juste au-delà de la voie ferrée valurent ensuite la présence des gendarmes plusieurs jours durant. Le conducteur de la voiture, qui tentait hâtivement d'en descendre alors que les barrières s'étaient refermées, fut projeté à plus de quinze mètres. Il était onze heures du matin. Il venait également acheter son pain. Trois quarts d'heure plus tard, ignorant l'accident, venant à la boulangerie, je fus surpris de l'agitation alentour, pompiers, gendarmes, ambulance et cheminots bloquant tout accès. Garant la voiture loin de ma destination, je continuai pédestrement mon chemin, apercevant la rame du train stoppée à plus de deux cents mètres du lieu où l'apparence d'un véhicule était encastrée dans une murette. Je crus qu'il s'agissait d'une petite voiture. Je n'avais pas reconnu la berline de l'homme tué par le train. J'appris son nom par la suite. Je le connaissais depuis bien longtemps. Mais c'est une autre histoire. La sienne s'arrêtait là. Par hasard il se trouvait au mauvais moment, au mauvais endroit. Rien n'y personne ne pouvait le prévoir, enrayer sa survenue. Le conducteur et la contrôleuse du train, choqués, furent pris en charge par les secours.

Dans les deux cas, le nombre de personnels présents n'aurait en rien modifié le déroulement des faits ainsi que pour les voyageurs à qui on a seulement notifié l'interdiction absolue de descendre du train. Aucune grève ne s'ensuivit alors.

25 octobre - de la revendication fortuite

Encore un train qui percute un camion. Hier. Entre Saintes et Royan. Pas de mort. Seul le chauffeur du véhicule fut légèrement blessé. Les cinq passagers du train, le contrôleur et le conducteur sont indemnes malgré le déraillement qui suivit le choc.

Alors qu'on s'extasie sur les essais des voitures sans chauffeur ou des avions sans pilotes, les agents de la société nationale réclament encore surabondance de personnel pour accompagner les usagers, tandis que leur patron actuel, G. Pépy, assure avec raison que, contrôleur ou pas, la sécurité des voyageurs ne changera nullement. Faut-il rappeler qu'il n'y a pas plus sûr que le train, avant l'avion mais après l'ascenseur, comme moyen de transport ?

Les cheminots qui ont toujours un train de retard devraient pourtant se l'imprimer dans la cervelle, ils s'éviteraient le ridicule d'une revendication passéiste.

28 octobre - de la musique que j'aime

Quart d'heure nostalgique ce matin. Les chansons de notre adolescence bercent toujours l'esprit de celui qui les fredonnait. J'imagine que demain nos enfants et petits enfants partageront ce même privilège, se souvenir d'hier. Quelques-uns d'entre nous n'auront pas cette chance, partis trop tôt. C'est alors qu'un refrain fait ressurgir les images d'un bonheur passé. Je dis bonheur car tel est toujours le cas, même si l'enfance fut souffrante ou malheureuse. On regrette ce qui n'est plus comme le parfum d'un avenir évanescent.

Je ne sais si le Rap, ce rythme à la mode, traversera les âges comme les chansons populaires de mon époque. Sans doute, même si je n'aime guère ces paroles violentes hachées sur une portée monotone. Elles ne me parlent pas et les voix qui les portent sont pour la plupart inaudibles.

L'une de mes grands-mères iodlait comme nulle autre pareille ou atteignait le contre-ut s'accompagnant au piano, soprano coloratur à l'allure opulente et fière, je la revois et l'entends encore. Je l'admirais, bouche bée. Les airs qui enchantaient famille et amis ne furent pourtant pas ceux que j'appréciais plus tard. Brassens, Brel, Ferrat, Ferré furent mes idoles. Quelques femmes également, Christine Sèvres, Barbara ou encore Colette Renard. Et puis bien plus tard, pour l'avoir rencontrée et devenue, avec son mari, une amie, Micheline Ramette dont le talent identique aux plus grandes fut broyé par la mode des années soixante, le yé-yé plus entraînant que le Rap et tout autant adapté à la sottise d'une génération. Ce fut pour moi barrière infranchissable, je n'ai pu aller au-delà.

La musique et le chant furent vraisemblablement les deux arts premiers, bien avant peinture et sculpture. Et je ne parle même pas de la poésie. J'imagine le clan, campement de Cro-Magnons rassemblés autour du feu, psalmodiant avant la chasse, au retour ou pour tout autre moment important pour le groupe. La communion déjà des individus unis pour un but commun. Le haka des rugbymen Néo-Zélandais n'est pas autre chose qu'un chant guerrier d'avant la bataille. Il faut amadouer les dieux, les rendre favorables. Ce qui ne fut pas le cas de ces derniers, battus par les Anglais en demi-finale de la coupe du monde.

Toujours l'Homme s'est regroupé en cette messe chantée. De nos lointains ancêtres à nos idoles d'aujourd'hui, paroles et musiques ont caressé et caressent encore nos sentiments, nos états d'âme, nos pleurs ou nos joies.

29 octobre - de la cornette au hijab

Foulard, encore. Comme si cela avait une quelconque importance. Il n'y a pas si longtemps, à côté de chez moi, vivait une vieille femme, agricultrice. Je l'ai toujours vue cacher ses cheveux sous un foulard. Vendéenne d'origine, je doute que l'Islam représentait quoi que ce soit pour la catholique qu'elle était. Et je n'évoque même pas ces religieuses de mon enfance, avec cornette jusqu'aux yeux, ou ces frères en soutane et ces prêtres que je voyais chaque jour au lycée que je fréquentais ; alors, vous savez, les signes religieux, pour moi, c'est un débat sans intérêt.

Il y a quelques mois, aux assises était jugé un jeune, accusé d'en avoir tué un autre issu de banlieue. Tous les amis de la victime étaient présents dans la salle d'audience. Lorsque j'y pénétrais je fus surpris d'y voir, de dos, ce que je croyais être deux ou trois religieuses. Non pas, c'étaient ses amies vêtues de hijab venues témoigner. Discutant avec elles lors d'une suspension, elles furent surprises d'apprendre que je les avais confondues avec des nonnes. Surprises et amusées. Mais bien qu'en portant la tenue, elles n'en avaient nullement la rigueur, à cent lieues de prier, rieuses, exubérantes, aguichantes.

Et des politiques veulent interdire de porter le voile ! Mais bientôt ce sera la cravate, le costume et pourquoi pas la coupe de cheveux, ou plutôt la barbe sur laquelle on légiférera, moi qui la porte depuis plus de cinquante ans.

Les vieux sénateurs, si replets qu'ils sont aussi turgescents qu'un potimarron, viennent de voter une proposition de loi interdisant les signes religieux pour les parents accompagnateurs des sorties scolaires.

La solution, pour ces censeurs, est l'uniforme. Il faut imposer l'uniforme pour tous. Il n'y aura plus de problème. Nous marcherons au pas.

31 octobre - de l'universel Déluge

Pas vu un seul gamin déguisé ici à réclamer des bonbons ; de toute façon je n'en ai plus, de bonbons, pour les enfants.

La seule année où vint frapper à ma porte un petit groupe de tristes drilles annonciateurs de malheur si je ne donnais rien, je me promis d'avoir en permanence au moins une poche de friandises à distribuer. L'année suivante personne n'est venue cogner à l'huis. Les bonbons ont moisi. Les enfants ont sans doute grandi ou ont jugé que le vieil ours hibernant ici ne valait pas la peine d'être dérangé.

Fête complètement inadaptée, je me souviens pourtant des histoires que me racontait ma grand-mère paternelle lorsque j'étais enfant. Après la guerre de 14-18, elle s'était mariée avec un Américain qu'elle suivit aux USA. Mon père et son frère sont nés là-bas. Elle y resta une dizaine d'années avant de revenir ici. Halloween, fête irlandaise, clôturait l'année celtique et commençait la nouvelle avec les jours courts propices aux revenants qui, tout le monde le sait, ne sortent que la nuit. D'où ces déguisements et ces déambulations le soir de maison en maison. Elle me racontait les citrouilles évidées et éclairées de l'intérieur déposées aux portes d'entrée. La peur des enfants, feinte peut-être ou réelles, va savoir, surtout lorsque de jeunes lurons s'amusaient à les balader dans la nuit pour effrayer les passants et réveiller les morts, but de la fête. Bref, ils s'amusaient comme des fous et s'amusent toujours d'ailleurs. Moi ça me faisait sourire quand elle me racontait ces exploits que nous ignorions totalement, mais si je trouvais amusant les lanternes en citrouilles, je me demandais s'ils avaient toute leur raison de vouloir réveiller des morts. Trop cartésien, déjà. Trop français sans doute malgré mes origines. D'où certainement le peu de succès dans l'hexagone de cette nuit de la mort. À noter qu'elle a lieu la veille de la Toussaint, fête chrétienne qui rejoint en cela la païenne. Y a-t-il tant de différence d'ailleurs dans ces réjouissances qui deviennent communes et se fondent dans la nuit des temps ? Le temps, grande préoccupation des peuples qui souhaitaient se le rendre favorable, organisant ainsi des célébrations pratiquement identiques malgré les distances qui les séparaient et peut-être copiées, imitées, grâce aux interpénétrations, aux immigrations, à l'exogamie. Une chose est certaine c'est que l'on retrouve les mêmes histoires, les mêmes légendes, dans la plupart des civilisations, comme le Déluge, de l'épopée de Gilgamesh à la Bible.

17

Novembre 2019

1er novembre - de la mort

J'étais à mon bureau lorsqu'elle vint me dire qu'elle était dévastée. Une des proches amies d'Elle venait de mourir en ce jour de Toussaint. Comme si c'était fait exprès, les petits morts tombent comme à Gravelotte. J'apprends trois décès simultanément. Cette amie, une vieille parente qui fut ma marraine, et le beau-frère d'une amie. Certes l'âge pardonne leur départ, d'une dizaine d'années peu ou prou plus proche que le nôtre s'il devait avoir lieu ainsi, mais il n'empêche, chaque mort devient un déchirement embrumant encore nos souvenirs.

9 novembre - de Dieu

L'argument philosophique de Pascal, son pari, qui voudrait que l'homme à tout intérêt à croire en Dieu, qu'il existât ou non, est une blague.

Reprenant en quelque sorte l'argument de Socrate selon qui la mort n'est rien, qu'une béatitude si ce n'est qu'un long sommeil ou une réjouissance s'il s'agit de continuer à dialoguer avec les petits morts d'avant, Pascal y ajoute une notion divine qui prouve l'angoisse dans laquelle il se trouvait face à l'inéluctable évènement. Enrobant son propos de mots, comme d'un ruban un paquet-cadeau, il tente de nous imposer un Dieu de loterie.

Je préfère les arguments attestant d'une foi sincère plutôt que celle dictée par la peur. À la Spinoza.

***

J'ai toujours fait fi des honneurs. Je ne sais pourquoi, par timidité peut-être, lâcheté, ennui ou fainéantise. Le dernier en date est l'invitation du préfet du département d'assister à la cérémonie du 11 novembre et à la réception qui suivra. J'ai décliné. Je préfère aller devant le monument aux morts du village, celui sur lequel est inscrit le nom de mon fils.

10 novembre - du racisme

Ce n'est pas d'hier que date le racisme anti-arabe – contre lequel ont défilé ce dimanche tantôt des organisations plus ou moins bien vues et aux motivations très floues – racisme qu'on affuble aujourd'hui de toutes sortes d'appellations : islamophobie, musulmanophobie ou arabophobie. Pourquoi pas tout simplement antisémitisme, puisque, tout comme le peuple juif, le peuple arabe est un peuple sémite ? Ils sont cousins en définitive. Il s'agit ni plus ni moins que du racisme ordinaire propre aux intolérants imbéciles. Ça ne manque pas et j'en ai rencontré un bon nombre.

Il y a plus de cinquante ans, alors que j'entrais dans la vie professionnelle, je fus le témoin d'un manifeste racisme envers deux Maghrébins qui postulaient un emploi. Un individu au comportement racoleur, innovant en matière de recrutement, avait réuni autour d'une table ronde une douzaine de candidats. Après une heure de débat, l'individu nous signala qu'il allait réfléchir et à son retour n'adresserait la parole qu'à ceux qu'il aurait retenus. Les deux Maghrébins, bardés de diplômes en parfaite adéquation avec les postes offerts, s'étonnant qu'on ne les retînt pas en demandèrent très poliment les raisons. Aucune réponse ne leur fut donnée, hormis peut-être un signe de dédain. En revanche ma candidature plaisait au recruteur. Je refusais la proposition, déclenchant l'ire de l'ictérique jaunissant au fur et à mesure de ses prédictions à propos de mon avenir. Sourire de quelques-uns. Incompréhension de la majorité. Il m'était facile d'agir ainsi, j'avais par ailleurs une autre proposition, ce qui n'empêcha mes Maghrébins, que je retrouvais dans la rue, de me remercier chaleureusement d'avoir envoyé paître le raciste.

Comme le disait Héraclite, la présomption fait régresser le progrès, car je suis persuadé qu'il s'est privé de deux excellents collaborateurs.

Remontant bien plus loin dans le temps, il me souvient d'une soirée d'été au cours de laquelle, dans le restaurant où je dînais, deux groupes faillirent en venir aux mains. L'un des convives d'une table, sans doute ayant servi lors de la guerre d'Algérie encore présente dans les mémoires, refusant l'entrée proposée d'un tonitruant « J'aime pas les melons ! » volontairement vindicatif, provoquant l'un des hôtes d'une tablée voisine, algérien, qui bondit vers l'autre avec lequel il faillit s'étriper.

Plus ancien encore, cet épisode qu'Elle me raconta, dont le père, chimiste, employait, dans l'usine où il travaillait du côté d'Aulnay-sous-Bois, de nombreux Algériens qu'il lui fallait régulièrement protéger en raison des risques qu'ils encouraient. C'était à la fin des années cinquante.

Les imbéciles auront toujours beau jeu de prétendre n'importe quelles raisons pour assouvir leur haine, que ce soit le pain qu'on leur mange sur le dos, le travail qu'on leur prend, la religion qu'on impose, le mode de vie qu'on expose ou les souvenirs d'une guerre aux exactions infâmes.

13 novembre - de la guerre

Lu dans les propos d'Alain l'affirmation suivante : « Ceux qui fuient ensemble, dans les terreurs paniques, forment une sorte d'assemblée, si l'on peut dire, qui est unanime à croire. Mais à croire quoi ? N'importe quoi, et nul ne s'en soucie. »

Mais aussi, et je me rappelle, à propos de la Grande Guerre enfin terminée, mais il n'y a pas de petite guerre, elles sont toutes grandes pour ceux qui en souffrent ou en sont victimes, cette pensée qui veut « […] qu'un homme content est facile à gouverner ». Car les poilus revenus de la tuerie goûtaient enfin cette joie d'une paix retrouvée. Et l'on pouvait alors gouverner le peuple sans qu'il rechignât. D'où l'émergence de ces Années folles, les années vingt, qui se terminèrent comme on sait avec la montée des populismes.

Après les trente glorieuses des années soixante et qui firent de nous des gens heureux, nous voyons aujourd'hui monter partout les populismes avec encore les mêmes relents d'hier, et il ne faudrait pas que ce siècle connaisse un jour l'effroi de l'apocalypse, car, si guerre il y a, elle sera sans doute nucléaire.

***

Décès de Raymond Poulidor. Non seulement il entre dans l'histoire grâce à ses exploits sportifs, mais également parce qu'il fut celui qui ne gagna jamais le Tour de France, arrivant second régulièrement, offrant ainsi son nom au dictionnaire des expressions populaires. Nous eûmes déjà Mozart mis à toutes les sauces, nous avons désormais Poulidor pour en agrémenter d'autres. Cela étant il fut l'un des héros de mon enfance rochelaise. Nous habitions à quelques pas du vélodrome où chaque année les coureurs du Tour, après les lacets des cols, venaient se mesurer dans les virages de la piste. Nous allions les admirer.

14 novembre - de la tyrannie

L'ancien chef d'État-Major des armées, actuellement chargé de superviser la reconstruction de Notre-Dame, J-L Georgelin, aussi avenant et sympathique qu'un blockhaus, s'impatientait un jour de mai 2007 de mon retard pour quelques minutes de discussion avec l'un de ses collègues, général tout comme lui. Pressé de partir, il n'eut aucun sourire, aucun mot de compassion, ne me tendit même pas la main lorsqu'il nous remit les documents de la Légion d'honneur, dont il avait décoré Guillaume, ainsi que son poignard d'officier. Je me moquais bien ce jour-là, et de son indifférence à notre égard et de sa hâte à quitter la base de Mont-de-Marsan, ne lui reconnaissant qu'une voix de stentor sans nuance devant le micro diffusant les nécrologies des soldats morts dans le Sinaï. Pour preuve son propos d'aujourd'hui, émis en paradant devant des députés mi-figue, mi-raisin, à l'encontre de l'architecte en chef des monuments historiques, Philippe Villeneuve, qui voudrait reconstruire à l'identique la flèche de Notre-Dame et à qui, tiré comme un coup de semonce, il ordonne de « fermer sa gueule ». Comme un caporal en mal d'autorité, bien que je connusse quelques-uns de ce dernier grade d'extrêmement policés.

Thalès, à qui l'on demandait ce qu'il y avait de plus extraordinaire à voir, répondit : « Un tyran atteignant la vieillesse. »

20 novembre - de l'antisémitisme

Il n'est pas interdit d'être en désaccord avec quelqu'un, il y a le dialogue pour s'expliquer. Et non l'attaque ad hominem. La revue Valeurs Actuelles, qui n'a de valeur que le nom qu'elle s'est donné vide de sens en raison de ses folliculaires qui remplissent les encriers d'une décoction de matière fécale pompée d'une fosse septique, cette revue donc éructa pour insulter l'historien Benjamin Stora, critiquant son physique. Plus au prétexte de son appartenance communautaire, juive en un mot, qu'à l'exégèse de ses idées.

Tout d'abord lorsque quelqu'un s'en prend au physique d'un adversaire, c'est qu'il n'a plus aucune pensée, aucun argument, aucune réponse à donner. Rien à dire. L'esprit est vide. À la manière d'une espèce de Trump, dont je reste persuadé qu'il est la référence, l'exemple pour tous les protagonistes du torchon cité supra, lecteurs inclus, qui n'a pour bible que l'invective inepte. C'est le signe des sots, des incultes, des bons à rien.

Ensuite, l'antisémitisme primaire fut le credo de ceux pendus à Nuremberg. Car il n'est point besoin de talent pour exhaler son racisme, il suffit de violence. Violence du verbe au même titre que violence physique. N'est pas Céline qui veut dont pourtant la prose antisémite est à cent lieues de la qualité de celle de ses romans.

Enfin, utiliser des résidus d'étron pour écrire des âneries contamine en premier lieu leurs auteurs. Ils puent autant que la feuille qu'ils torchèrent d'excréments et embaument ceux qui la manipulent.

Tout à l'heure, en promenant le chien, je pensais à Voltaire décrivant l'empoissonnement par ses écrits de frère Berthier, auteur du Journal de Trévoux, bâillant aux côtés de son compère Coutu qui répliqua par des bâillements qui ne finissaient point. C'est à cet instant que le chien s'arrêta alors que je soliloquais, souriant à l'évocation de l'ironie voltairienne. Il me regarda et dès que je citai à haute voix – car j'ai cette habitude de penser haut en marchant – Valeurs Actuelles, le chien, relevant la queue en baissant l'arrière-train, déféqua illico, émettant un fumet à rameuter tous les coprophages qui transmirent l'info à leur voisinage, bousiers avides de tremper leurs mandibules dans pareilles nourritures.

Mais pour finir je ne peux résister au plaisir de reproduire l'épigramme de Jean-Baptiste Rousseau, « Aux jansénistes de Trévoux », texte qui figure dans son second livre et qui n'a pas pris une ride :

« Petits auteurs d'un fort mauvais journal,

Qui d'Apollon vous croyez les apôtres,

Pour Dieu ! tâchez d'écrire un peu moins mal,

Ou taisez-vous sur les écrits des autres.

Vous vous tuez à chercher dans les nôtres

De quoi blâmer, et l'y trouvez très-bien :

Nous, au rebours, nous cherchons dans les vôtres

De quoi louer, et nous n'y trouvons rien. »

27 novembre - de la nécessité du soldat

Treize soldats sont tombés hier au Mali. Je pense à ces familles qui vécurent les mêmes affres que nous à l'annonce de leur mort. Cette cataracte glacée qui nous submerge soudain, nous enveloppe, noie notre raison, quand, après les coups discrets à la porte d'entrée, pénètrent dans la maison ceux qui viennent, sans trop savoir comment, nous informer du pire. Alors taisez-vous, vous qui, mus par un pacifisme utopique, racolez vos électeurs, vous qui, les corps pas même encore rapatriés, demandez, à l'abri des ors du Palais

Bourbon, le retrait de ces soldats et interrogez sur ce qu'ils allaient faire là-bas. Leur métier, vous répondrai-je. Et, comme je l'ai par ailleurs écrit, nos armées n'étant plus conquérantes mais défensives, appelées par d'autres peuples pour les protéger, puisqu'elles existent nécessairement, plongés que nous sommes dans un monde incertain, redoutable, menaçant, elles acquièrent sur ces terres lointaines non seulement leurs lettres de noblesse, mais surtout l'endurance, l'exercice indispensable, l'expérience douloureuse, afin de n'être pas armées d'opérette comme vous aimeriez sans doute qu'elles devinssent inéluctablement en restant cantonnées dans leurs casernes ou leurs bases.

C'était déjà, en quelque sorte, la réponse de Mentor à Philoclès (Fénelon - Les Aventures de Télémaque - Livre XIV).

Que ces soldats reposent en paix.

28 novembre - des hiéroglyphes

C'est physique, je ne peux lire un texte jusqu'à la fin lorsque au détour d'une phrase apparaît l'expression de cette nouvelle manie, l'écriture inclusive. Exaspérant. Non pour faire chic mais plus par fainéantise, les auteurs de ce tic accordent le mot avec un point entre chaque lettre pour marquer masculin, féminin, singulier et pluriel. On se demande où ils veulent aller ainsi. Singularité due certainement au raccourci nécessaire de l'écriture téléphonique dite SMS. Je me souviens de ce texte que j'avais écrit il y a très longtemps où je m'interrogeais sur le devenir de la langue lorsque nos enfants n'écriront plus que par onomatopées. Nous y sommes pratiquement. Comme un retour vers les hiéroglyphes. Éphémère. FMR. Il commençait ainsi : LN - M - RV - JV - AP - LC... - O !

18

Décembre 2019

8 décembre - de la difficulté de réformer

À propos de la réforme des retraites, dont on ne sait pas grand-chose encore et contre laquelle on manifeste déjà, j'entends quelques-uns évoquer la nécessité de prendre en compte l'espérance de vie dans les négociations ou les propositions pour en déterminer les paramètres ; soit, sans doute, en fixant individuellement l'âge atteint pour prétendre cesser son activité, soit imposer une durée limitée pour verser le montant de la pension à laquelle une carrière donnerait droit, ne distinguant pas d'autres solutions, car, disent-ils en schématisant, les cadres vivent plus vieux que les manuels. Je ne sais laquelle de ces deux propositions serait plus inepte que l'autre.

Dans l'esprit de ces théoriciens rances, la mort est sans doute prédéterminée. Ce qui est relativement vrai, mais jamais à date escomptée. Car si, le hasard étant un grand farceur, un individu pas intellectuel du tout se mettait à vivre, grâce à sa génétique ou à son hygiène de vie, plus longtemps que prévu, lui supprimerait-on alors sa pension à la date précise à laquelle il eût dû quitter les listings de la caisse de retraite ? Et à l'inverse, si par maladie, stress ou autre cause accidentelle, un second individu pas du tout bricoleur venait à mourir avant l'heure prédite, continuerait-on à verser à ses héritiers la maigre pension à laquelle il n'aurait pu totalement prétendre le temps imparti ?

Au-delà de ces boutades, évoquer une espérance de vie pour inclure ou non telle ou telle clause restrictive ou bénéfique, s'apparenterait à une discrimination. Ce qui, convenons-en, est à l'opposé du but recherché dans l'établissement d'une retraite universelle par points qui se veut égalitaire (égalité toute relative là encore puisque dépendante des revenus).

Les régimes spéciaux ont été conçus en fonction de la pénibilité de certains métiers. Je pense bien sûr aux chauffeurs des locomotives à vapeur, ce qui n'a plus de raison d'être, qui ont obtenu leurs avantages soutenus qu'ils étaient par de puissantes organisations syndicales. En revanche, seul dans son coin, un peu anar, ou poète tel Thierry Metz aujourd'hui décédé, le vieux maçon usé par le temps et l'effort n'a jamais bénéficié, lui, d'un régime particulier. Même si de nos jours les bétonnières sont mécanisées, le métier reste pénible à la différence du chauffeur de train. Il y a là matière à discuter, évidemment. Mais certes non en termes médicaux ou funéraires. Ce qui reviendrait à créer une espèce de « professophobie », si l'on veut bien m'accorder ce néologisme, en un mot de racisme s'apparentant à celui que l'on constate en matière religieuse ou ethnique. Avec les dérives inévitables, comme celle qui fut mienne lorsque plus haut j'opposais le chauffeur de train au maçon. Les exaspérations, rancœurs, haines, plus prégnantes qu'aujourd'hui, ne manqueront pas alors de s'immiscer dans les esprits de ceux ne bénéficiant pas des avantages des autres. Est-on d'ailleurs certain de cette affirmation qui voudrait qu'un travailleur manuel vécût moins longtemps qu'un intellectuel ? Les statistiques le prouvent nous dit-on. Tout comme, statistiquement parlant, les femmes vivent plus longtemps que les hommes ; certainement la raison pour laquelle leurs émoluments sont inférieurs à ceux de leurs homologues masculins. C'est ainsi qu'on les retrouve donc en plus grand nombre dans les maisons de retraite.

Dès lors il faut aller plus loin dans l'absurdité et créer tout un tas de discriminations en fonction de l'âge d'une mort prévue par les statistiques, du sexe, de la taille, de la couleur des yeux, de la voix, de l'apparence. Les tests ADN généralisés seront pour demain à inclure dans les CV d'embauche accompagnés d'un état détaillé de nos habitudes alimentaires, sportives, amoureuses, etc., etc. Orwell avait vu juste. Quant à Thomas More, son Utopia va devenir une galéjade.

Que l'on détermine donc les retraites en fonction de l'ADN de chacun et n'en parlons plus. Cela évitera grèves et bouchons inutiles, car là nous aurons des preuves scientifiques inattaquables.

13 décembre - du besoin de convaincre

Le petit livre écrit par Jean-Claude Bonnin, Les Templiers et leurs commanderies en Aunis, Saintonge, Angoumois, paru en 1983 aux éditions Rumeur des Âges, nous éclaire sur un aspect qui longtemps me parut étonnant. Comment des familles entières pouvaient-elles abandonner tous leurs biens à une secte, une religion, un gourou… ? Dans les années comprises entre 1100 et 1300, elles furent nombreuses ces familles qui offrirent aux Templiers leurs domaines, maison, dépendances, vergers inclus, qui devinrent des Maisons du Temple. À lire leur liste, pas une ou presque qui ne fut donnée ; on ne s'étonne pas dès lors que les Templiers traînèrent la réputation de s'être enrichis aux dépens de la population. La foi, ou ce que l'on croit tel, nous pousse à agir en dépit de la raison. Il suffit de se laisser convaincre. Les sectes ou pseudo-religions ont beau jeu d'en profiter. Comme les escrocs. Cependant les esprits font d'inadmissibles différences entre donner pour une cause et donner pour la croyance. Je n'en vois guère. Donner au téléthon, cette mendicité institutionnelle, est aussi déplorable que donner pour la secte du gourou autoproclamé. Comme toujours c'est se donner bonne conscience ; espérer en un pardon de fautes éventuelles ; s'accorder les bonnes grâces d'une déité improbable ; ne pas contracter une maladie, en guérir une autre. Les bénéficiaires n'ont pas ces états d'âme et sans vergogne acceptent les dons.

***

Lu hier soir, dans l'un des propos d'Alain, « L'Éloquence », la remarque que l'avocat plaide pour son client, et uniquement, le juge s'étant, à la lecture des pièces du dossier, forger une conviction et, avec le temps, ayant appris à déjouer les pièges de l'éloquence. C'est en partie vrai, en partie seulement car le philosophe oublie le jury de la cour d'assises. Il est vrai qu'à l'époque (1929) de son texte, le jury composé de 12 jurés était dissocié du juge. Le jury décidait de la culpabilité ou non de l'accusé, le juge de la peine ; chacun de son côté. Depuis 1941 les choses ont changé et la cour est indissociable, juges et jurés décident ensemble du verdict et de la peine. Par conséquent, si le juge écoute d'une oreille discrète la plaidoirie, il est évident que les jurés sont malléables. D'ailleurs l'avocat s'adresse toujours aux jurés, avant tout, sachant que les trois juges tenteront, dans le huis clos des délibérations, de les influencer, il espère ainsi les armer pour opposer aux professionnels les arguments contraires. Il tente de les convaincre. Il ne plaide pas uniquement pour son client ou pour le plaisir de manier l'art oratoire.

15 décembre - de la lutte finale

Noël approche et les grévistes acharnés à s'opposer à la réforme des retraites menacent de poursuivre le mouvement, faisant craindre l'impossibilité, pour beaucoup, de se réunir en famille ou de partir en vacances. Dans la lutte des classes le Père Noël n'existe pas, et on se moque bien du P'tit Jésus.

Que reproche-t-on d'ailleurs à cette réforme ? Pour les uns, majoritairement du secteur public, la perte d'avantages, qu'ils ne perdront pas puisque ne s'appliquant qu'aux nouveaux venus, pour d'autres le report d'un départ après 64 ans, qu'une majorité ne subira pas puisque uniquement à l'usage de ceux nés à partir de 1975. Or il est amusant de constater que les seuls qui devraient manifester leur mécontentement, ceux qui précisément bénéficieront des avantages de la retraite à points, les salariés du privé, ne disent rien ou pas grand-chose. À croire qu'ils en ont compris les bienfaits, à la différence des réactionnaires syndicaux qui prétextent sa mise en pratique pour montrer qu'ils existent toujours.

Prenons un exemple. Je suis à la retraite. Je l'ai prise un an après l'âge légal qui était alors fixé à soixante ans. Il était inutile que je continuasse à travailler, je n'aurais rien gagné de plus à l'époque. Bien que je l'eusse envisagé, mais la mort de Guillaume modifia mes intentions.

Ma pension se répartit en trois versements. L'un émanant de la CARSAT (régime général de la SS) et deux autres de l'AGIRC et de l'ARCCO (régimes complémentaires). Heureusement que pour ces deux derniers, dont les règles n'ont pas été modifiées, mes employeurs et moi-même avons cotisé sous forme de points, car en ce qui concerne le premier organisme, les cotisations versées, qui l'ont été toujours en fonction d'un salaire nettement supérieur au plafond annuel de la Sécurité sociale, ne m'ont pas permis de bénéficier de l'intégralité des 50 % du salaire prévu par cette dernière institution. Grâce à Balladur qui réforma les paramètres en 1993. Une revalorisation systématique des salaires des meilleures années fut instaurée, réévaluation indexée sur l'inflation et non pas sur le salaire moyen de l'économie, avec pour conséquence une baisse d'un bon tiers de la retraite du régime général. Ce qui signifie un manque à gagner assez conséquent, d'autant que l'inflation galopait allègrement avant le passage à l'euro. Avec ce système toujours en vigueur, malgré un ralentissement de l'inflation, c'est la certitude pour tous les salariés du secteur privé de ne bénéficier que d'une pension réévaluée qui, même à taux plein, ne correspondra jamais à la moitié du salaire plafond du régime général. Le conseiller que j'avais rencontré à l'époque, s'offusquant de m'entendre dire qu'il s'agissait d'une belle escroquerie, me précisa qu'il était excessivement rare de verser une pension à taux plein correspondant à la moitié du salaire annuel du régime général. Tellement rare d'ailleurs qu'il n'avait pas eu encore l'occasion d'en calculer.

Une retraite par points obvie à cet inconvénient. À la seule condition de connaître la valeur du point qui doit, au minimum, compenser ad valorem les organismes payeurs actuels. Entre autres avantages, car il en est de non négligeables, celui d'accumuler des points, quel que soit l'employeur, public ou privé, et quel que soit le temps accompli à travailler, même une journée ou quelques heures, par exemple, ou encore une meilleure pension de réversion, la pénibilité mieux prise en compte, ou encore les avantages accordés dès le premier enfant… Quant à la date pivot, si je conçois que ce ne fut pas une excellente idée de l'intégrer au système, tout reste à faire au niveau des négociations pour la modifier, voire repousser son entrée en vigueur à plus tard.

Plus que manifester et réclamer le retrait du projet, les syndicats devraient donc s'atteler à discuter la valeur du point et son intangibilité et non engager une lutte d'arrière-garde, qui ne conduira qu'à mécontenter la majorité des salariés qui sont aussi les usagers exaspérés par une minorité obtuse car accrochée à des prérogatives d'un âge révolu. Il est grand temps d'évoluer.

***

Lu ce matin dans l'ouvrage de L. Meschinet de Richemond, archiviste du département, autrefois ainsi nommée, de la Charente Inférieure, paru en 1906 retraçant la vie des marins Rochelais, réédité en 1983 par les éditions Rumeur des Âges, au chapitre concernant Jean Guiton, marin hors pair avant d'être le maire obstiné et résistant de la ville, que la population de La Rochelle, avant le siège de 1627-1628 imposé par Louis xiii et Richelieu pour soumettre les huguenots, avoisinait celle de Bordeaux ou Marseille. Après la reddition des Rochelais sur les quelque 28 000 habitants, 23 000 étaient morts de faim. C'est dire si l'on faisait peu de cas, comme toujours, des êtres humains. C'est dire aussi si l'entêtement est parfois préjudiciable au bien commun.

17 décembre - de l'amateurisme

Si pour les chrétiens la Pentecôte est la descente, l'effusion, le souffle de l'Esprit Saint décoiffant les apôtres, la nomination d'un ministre est très loin d'en être l'équivalent pour une équipe gouvernementale plus préoccupée de jactance prêtant à rire ou à déprimer, que par la diffusion de la bonne parole.

La date pivot suggérée par le premier d'icelle est une sottise de plus à mettre à l'actif de ces politiques qui n'en sont pas à quelques gourdes près, amateurs s'il en est dans leur comportement.

Si avant-hier je déclarai que cet âge pivot de 64 ans pour un départ à taux plein ne s'appliquerait qu'à ceux nés après 1975, je fis erreur, puisqu'une lecture plus attentive des mesures envisagées, démontre que cette date concernerait également de manière progressive ceux nés à partir de 1960. *Mea culpa, mea maxima culpa*, pour rester dans la phraséologie chrétienne. À ma décharge, je suggérai d'en discuter.

Mais peu importe. Fixer un âge pivot en matière de retraite à points est une ineptie. Pour plusieurs raisons.

La première, alors que ce pivot butoir serait prétendument institué afin d'équilibrer les comptes, est que les boomers – comme les appellent dédaigneusement de jeunes crétins qui, vais-je leur apprendre, n'existeraient pas sans eux – arrivent à péremption et disparaissent progressivement les uns après les autres. Par ce seul fait les comptes seront d'aplomb naturellement, apurés et sans doute excédentaires. La natalité baissant étant compensée par l'apport de l'immigration.

La seconde est que cotiser par points permet de savoir exactement ce à quoi donnent droit, à date donnée, les versements effectués. Or, si le fait de cotiser plus longtemps permet d'augmenter sa pension, nul doute que beaucoup seront tentés de poursuivre leur carrière, différer une mise au rebut parfois mal vécue. La pénibilité étant toujours prise en compte avec l'âge légal de 62 ans, intangible – et pourquoi pas revenir à 60 ans grâce à la négociation ? – tout comme la valeur du point, ces deux marqueurs de justice inscrits dans la constitution.

D'autant que, et il s'agit là de la troisième raison, malgré une éventualité de perte d'emploi, donc de chômage, due au manque de savoir-vivre du patronat, tous les jobs, petits boulots – travail effectué pour survivre, si déclaré – seront soumis à versement de points. N'oublions pas qu'actuellement une majorité de retraités – et en son sein, ceux qui s'arrêtent pour cause de fatigue – recherche et trouve des emplois d'après retraite, rémunérés sous condition, pour lesquels chacun cotise… bénévolement, quand ces emplois ne sont pas au noir, puisque ces cotisations ne rapportent rien, toute retraite liquidée devenant définitive et intangible, au contraire de l'affirmation désinvolte de la porte-parole du gouvernement.

Il y a sans doute d'autres détails qui m'échappent, vu l'opacité des explications gouvernementales, et ne nie pas que ce système peut désavantager dans un premier temps les quelques nantis du service public. Mais à terme tous ces avantages disparaîtront car devenant insupportables à la collectivité, intolérables, impensables aux esprits épris de justice. Ou seront légitimement compensés par la négociation pour les professions qui perdent trop eu égard à l'existant. L'évolution d'une société passe par la vision claire de l'avenir et non par l'inconséquence de l'amateurisme des gouvernants.

28 décembre - de Noël qui n'existe plus

Rentrés hier de l'Oise où nous fêtâmes Noël avec les enfants. Il nous faut aller ailleurs, Noël n'existant plus ici. Guillaume, aujourd'hui, aurait eu quarante-six ans. Et nous ne connaîtrons jamais ses premiers cheveux blancs ou ses premières rides.

31 décembre - du symptôme avant-coureur

La toux est un symptôme présent dans un grand nombre de pathologies. Elle permet d'évacuer tout encombrement des voies respiratoires. Sa vitesse avoisinant celle du son, c'est dire que rien ne résiste à la force de l'air expulsé, typhon balayant tout sur son passage.

Or, en ce moment ça tousse dans les chaumières, et ailleurs. Un véritable orchestre dont le souffle se répand comme une épidémie.

Dernière nuit de l'année, et je tousse moi aussi, à cause sans doute de ma bronchite d'octobre soignée avec désinvolture. Je ne suis pas seul. Ça hoquette de partout. À croire que l'air est vicié ou se raréfie. Pour d'autres raisons également. Nous sommes revenus de l'Oise, par exemple, après les fêtes de Noël, perdus dans les embouteillages parisiens. Grâce aux grèves. Les syndicats, réactionnaires en diable, refusent tout, en bloc, surtout la CGT dont les quintes accusent le gouvernement d'amplifier le chaos. Ça tousse de partout. Le gouvernement, dont les membres s'étouffent à vouloir stopper les éternuements qu'ils provoquent eux-mêmes. Les gens, dans l'attente d'un train, d'un métro, d'un bus, hypothétiques. Les pompistes, qui craignent un débit prostatique du carburant. Les commerçants, qui ne voient pas de clients. Les clients, qui ne voient pas arriver leurs commandes, malgré les promesses d'internet. Tout le monde tousse. Les écologistes nous le répètent assez et qui toussent eux aussi de ne rien voir s'arranger, critiquant en ces temps pluvieux les fleuves d'inonder leurs rives. Les émules de Socrate, Platon et les autres qui aimaient les éphèbes sans rien regretter et que notre société stipendie. Pivot qui craint pour sa notoriété et s'excuse d'avoir été ce qu'il fut. Les Japonais qui n'ont pas entrouvert suffisamment l'œil en laissant fuir Carlos Ghosn, qui a bien eu raison de prendre la poudre d'escampette. Les auditeurs de Macron dont les vœux aux Français furent pitoyables de poncifs et mièvreries. La liste pourrait être encore longue, mais je ne vais pas y passer la nuit. D'ailleurs une quinte de toux m'oblige à cesser l'inventaire. Je n'ai pas encore les résultats de la radio que j'ai passée hier. Faudra attendre l'année prochaine en espérant que les choses s'apaisent, s'arrangent. Comme une eau qui reflue vers son fleuve après les débordements de l'hiver.

Table des matières

Achevé d'imprimer en 2020
Dépôt légal : 2020
Imprimé en France

www.ingramcontent.com/pod-product-compliance
Lightning Source LLC
LaVergne TN
LVHW042111190726
843493LV00006B/1441